La mente herida

GIORGIO NARDONE
FEDERICA CAGNONI
ROBERTA MILANESE

La mente herida

Atravesar el dolor para superarlo

Traducción: Maria Pons Irazazábal

herder

Título original: La mente ferita. Attraversare il dolore per superarlo
Traducción: Maria Pons Irazazábal
Diseño de la cubierta: Toni Cabré

© 2021, Adriano Salani Editore S.p.A., Milán
© 2023, Herder Editorial, S.L., Barcelona

ISBN: 978-84-254-4994-9

Imprenta: Liberdúplex
Depósito legal: B-9870-2023
Impreso en España — Printed in Spain

herder

Índice

1. Experiencias que hieren: una mirada evolutiva

> La experiencia es una joya y así debe ser, porque con frecuencia se adquiere a un precio infinito.
>
> WILLIAM SHAKESPEARE

Ágata tiene 13 años, está estudiando tercero de secundaria y ha empezado a utilizar el teléfono móvil tal vez demasiado precozmente. Se lo regalaron por haber aprobado y, como todos los adolescentes, lo utiliza sobre todo para socializar. Un día Ágata recibe de una compañera de clase una captura de pantalla de una conversación entre esa misma compañera y una tercera amiga, en la que aparece, entre otros, el siguiente mensaje: «Ágata se viste de manera ridícula, y el hecho de que no se dé cuenta hace que además parezca estúpida».

Desde aquel día la muchacha no piensa en otra cosa, hace meses que no quiere ir a la escuela, llora y apenas come. Un simple mensaje de WhatsApp ha tenido consecuencias inimaginables.

La mañana del 29 de mayo de 2012, Giovanni estaba trabajando cuando durante veinte interminables segundos la tierra tembló y provocó el hundimiento de buena parte del edificio donde se encontraba. Cuando acudió a nosotros en busca de ayuda, no podía pensar en otra cosa, hacía meses que no iba al trabajo y sufría fuertes ataques de ansiedad si se hallaba en lugares elevados.

En la escala de las diez principales experiencias traumáticas, los terremotos aparecen en los primeros puestos; los mensajes de WhatsApp ni siquiera se contemplan.

Lo que acabamos de explicar puede parecer provocador, pero nos es de utilidad para un objetivo muy preciso. Ante todo, para distanciarnos de entrada, y de forma clara, de un enfoque que pretenda definir etiológicamente qué puede o no puede ser definido como un hecho traumático (utilizando palabras que están muy de moda) o, en cualquier caso, como una experiencia capaz de trastocar completamente nuestra vida. En segundo lugar, para acercar al lector desde las primeras líneas de este texto a una visión de las consecuencias de un hecho en cuyo centro aparece la percepción que el individuo tiene de sí mismo, de los otros y del mundo que lo rodea, como resultado de algo que solo la experiencia subjetiva puede transformar (de manera inconsciente) en profundamente doloroso. De modo que no podemos decidir qué es o qué no es una experiencia traumática sin tener en cuenta la percepción del individuo que la ha sufrido.

Silvia tiene 33 años, dos hijos y un cáncer de mama ya operado y extirpado con éxito, según dicen los médicos. Se lo diagnosticaron un año antes de que acudiera a nosotros. Recuerda muy bien el *shock* en el momento del diagnóstico, recuerda incluso cómo iba vestida y peinada la médica encargada de comunicárselo y el puñetazo en el estómago que sintió en aquel momento. Esa opresión en el estómago no ha desaparecido, la siente todas las mañanas cuando se levanta y no la abandona hasta la noche, antes de acostarse. Silvia no piensa nunca en el pasado. Vive el día a día pensando que ya no tiene un futuro. Un futuro borrado por una palabra: cáncer.

María, en cambio, no tiene presente. Lo perdió el día en que su exmarido se enteró de su nueva relación y empezó a perseguirla para volver con ella. Comienza, por tanto, su proceso con nosotros en medio de la tormenta, con una taquicardia casi constante y el miedo a salir sola de casa, junto con la obligación de seguir con su vida y la de su hijo de diez años. Ha perdido el placer de hacer cualquier cosa, por la noche está muy fatigada y solo desea encerrarse en casa y meterse en la cama.

¿Qué tienen en común estos casos? Tras un hecho, a veces incluso en apariencia banal (un breve mensaje), a veces claramente catastrófico (el terremoto o el cáncer) o a veces formando parte de una experiencia vital considerada normal (la separación conflictiva), las personas no consiguen percibir el pasado, el presente o el futuro como lo habían hecho hasta entonces.

Un acontecimiento más o menos inesperado o una experiencia aparentemente banal se convierten en líneas de separación. Tanto si uno queda atrapado en el pasado, privado de la visión del propio futuro o víctima de un presente al que no consigue enfrentarse, una cosa es cierta: esa experiencia se vive y se percibe claramente como un hecho fundamental que marca un antes y un después en la vida. Todos hemos vivido algunas experiencias de este tipo, las recordamos perfectamente y conservamos impresos en la memoria detalles que de otro modo ni siquiera recordaríamos.

Sabemos cómo íbamos vestidos el día en que nos dejaron o nos traicionaron y lo descubrimos; sabemos dónde estábamos cuando nos llamaron por teléfono para decirnos que había muerto un ser querido; sabemos con quién estábamos cuando nos comunicaron el diagnóstico de una enfermedad horrible y también recordamos todas las ocasiones en las que el dolor penetró con violencia en nuestra vida. A veces lo hizo repentinamente, a veces lentamente, incluso con algún aviso previo, pero no por esto dejamos de conservar su huella.

El dolor siempre deja una marca. En el mejor de los escenarios conservamos su recuerdo, conscientes de ser lo que somos también gracias a él. En el peor, nos hiere de manera indeleble, provocando en nosotros reacciones que a largo plazo se convierten en disfuncionales e incluso pueden llegar a provocar auténticos trastornos. Heridas que no llegan a ser cicatrices, pero que nunca se curan y provocan más dolor y emociones complejas vinculadas a él. Las llamamos «traumas», heridas, porque el dolor hiere y lacera, y como una herida que no acaba de curarse bien puede tener distintas consecuencias.

Estas consecuencias siempre son el resultado del bagaje emocional (ante todo) y cognitivo que cada uno de nosotros construye y modela constantemente a lo largo de la vida, porque nunca somos los mismos y somos un complejo conjunto de biología y biografía, que se influyen mutuamente durante toda la vida hasta la muerte (LeDoux, 2002).

Hablar de hechos dolorosos y traumáticos significa, por tanto, hablar ante todo de cambio y de experiencia emocional correctiva (Alexander, French, 1946). Quien vive una experiencia de este tipo se ve arrollado, a veces de forma repentina, a veces de manera más gradual, por uno o varios hechos que introducen un cambio en su percepción emocional de la realidad, que a partir de ese momento será gestionada de otro modo.

El lector ya familiarizado con nuestro enfoque conocerá la modalidad estrictamente operativa con que solemos abordar el estudio de una realidad. Esta modalidad nos permite intervenir de inmediato de la manera más eficaz posible (Nardone, Watzlawick, 1990, 2000; Nardone, Portelli, 2005; Nardone, Balbi, 2008). Desde esta perspectiva, y ante este tipo de problemáticas, no podría haber habido investigación sin una intervención directa en el interior del sistema, intervención que tiene como objetivo cambiar su funcionamiento a fin de desentrañar sus mecanismos de persistencia. Es decir: se conoce un problema a través de su solución. Y gracias a este método de investigación-intervención, que por su propia naturaleza está en constante autocorrección y evolución, se creó ya en la primera década del siglo XXI, en el Centro di Terapia Strategica de Arezzo, el protocolo de intervención del trastorno de estrés postraumático (Nardone, Cagnoni, Milanese, 2007; Cagnoni, Milanese, 2009). En este caso evidenciamos de qué modo la experiencia dolorosamente perturbadora regresa e invade constantemente el presente de la persona que, al intentar liberarse del recuerdo, lo confirma y lo fija agravando sus efectos. Como en muchos otros tipos de psicopatologías, también en esta la investigación-intervención nos permitió adquirir más información sobre las modalidades de persistencia de este trastorno, lo que nos llevó a identificar en concreto las *coping reaction* disfuncionales puestas en práctica por el sujeto, consciente o inconscientemente, en un intento de reaccionar. Precisamente estas estrategias defensivas, conscientes solo en parte, constituyen la base de lo que atrapa a la víctima de una experiencia traumática en sus propios recuerdos y la lleva a construir nuevos límites, con su carga de angustia, miedo, dolor y rabia.

Puede ser el caso de Gianni, a quien meses después todavía le asaltan imágenes del terremoto acompañadas de fuertes ataques de ansiedad; o el de Pietro, que todavía se despierta en medio de la noche creyendo oír el teléfono, como aquella noche en que la policía lo llamó para comunicarle el accidente de su hijo. Recuerdos que a veces se fijan indelebles en la mente de las personas y evocan no solo los contenidos, sino también toda la conmoción emocional que el hecho suscitó. Un presente inundado constantemente por el pasado, que como un río desbordado destruye, arrastra y deja escombros. Un hecho que como un rayo rasga el cielo e impide al que lo mira verlo como antes. Es una experiencia que introduce repentinamente un cambio perceptivo de tipo «catastrófico», rapidísimo, capaz de producir un cambio inmediato en la percepción de la realidad.

No obstante, una experiencia dolorosa también puede tener repercusiones distintas a esta. Puede bloquearnos en un presente que nos tiene secuestrados y no nos deja ninguna salida. En muchos casos de terremoto, por ejemplo, en los que la primera sacudida va seguida de otras menores, podemos ver el efecto «exponencial» de la alarma accionado por la primera sacudida que, si no provoca consecuencias de cambio catastrófico, atrapa a la persona en un presente que es fuente de ansiedad y de angustia constantes en espera de que suceda «algo». Lo mismo ocurre en muchos casos de *stalking* (acoso), en los que cualquier hecho persecutorio produce un «efecto de acumulación», bloqueando a la víctima en su presente que, también exponencialmente, se transforma en una pesadilla diaria en la que pasado y futuro pierden consistencia.

En estos casos la gestión del presente resulta fundamental. Ante todo, para contener el terremoto emocional y evitar un posible empeoramiento tanto de la situación como de la sintomatología; en segundo lugar, a efectos de prevención. De hecho, son muchas las situaciones en las que una experiencia emocionalmente abrumadora prolongada en el tiempo produce efectos que podríamos llamar «de acumulación», provocando a veces un auténtico trastorno. De modo que no podemos subestimar el impacto que un cambio de la percepción del propio presente, vivido largo tiempo como fuente de dolor, ansiedad, angustia y tal vez incluso de culpa o rabia, pueda tener en la propia modalidad perceptiva. No solo la persona implicada no se percibirá ya como antes, sino que tampoco los demás, sus creencias, sus valores y los significados que atribuía a las experiencias y al mundo que la rodea serán percibidos del mismo modo.

¿Qué ocurre, en cambio, cuando un hecho nos arrebata el futuro? Del mismo modo que algunas experiencias acaban fijándose de manera imborrable en nuestra memoria por el impacto traumático que han tenido en nuestra vida, hay otras que nos privan de la posibilidad de percibir ese futuro que antes dábamos por descontado.

El mismo terremoto que regresa en forma de *flashback* y pesadillas nocturnas o que mantiene a una persona atrapada en la angustia del presente, a otro le ha quitado la perspectiva futura. Es lo que le ocurre a quien pierde la casa o el trabajo o, peor aún, a sus seres queridos. En este escenario no hay *flashback*, sino solo angustia e incapacidad de reaccionar. Como si se apagase un interruptor arrojando oscuridad sobre todo aquello que hasta hacía poco tenía límites y márgenes claros.

Escribimos este libro en plena pandemia de COVID-19 y ya vemos numerosos casos de consecuencias psicopatológicas producidas por este hecho. Una de las más insidiosas es la que priva a las personas de la posibilidad de programar su futuro. Son los casos en que, más allá del miedo al contagio que puede ser más o menos fuerte, lo que emerge es el dolor de la pérdida del propio futuro, unido a la angustia por no ver el final, por no poder definir un plazo más allá del cual todo volverá a ser como antes, especialmente después de esta segunda ola otoñal e invernal.

Vivir un presente sin futuro durante un período más o menos prolongado produce efectos sobre nuestro modo de percibir la realidad. Se trata de un auténtico «efecto avalancha», en el que la sucesión de hechos produce un cambio exponencial en el modo de percibir la realidad debido a una especie de mecanismo de acumulación de experiencias traumáticas.

Si además tenemos la certeza de que el futuro ya no podrá ser como antes (como en los casos de duelo, de invalidez causada por un accidente grave, de un diagnóstico funesto o de la pérdida del trabajo), esta percepción puede cambiar bruscamente y acarrear consecuencias a veces muy peligrosas. En estos casos el hecho que introduce el cambio catastrófico no regresa continuamente a la memoria como en el trastorno postraumático puro, sino que produce efectos tan devastadores en la vida de la persona que no le permite una visión futura de sí misma exenta de dolor, angustia, miedo o rabia intolerables. Y estos son los casos en los que se producen con más frecuencia intentos (a veces consumados) de suicidio.

Son, por tanto, tres las dimensiones temporales en las que una experiencia emocionalmente devastadora puede producir sus efectos: pasado, presente y futuro. No existe solo el pasado que regresa en forma de pesadilla o imagen intrusiva, un pasado imborrable, pero archivable; existen también un presente que se transforma en pesadilla diaria angustiosa y un futuro que repentinamente pierde significado, desaparece o asume valores de pérdida intolerables.

A este respecto, es importante señalar no solo que hechos claramente distintos entre sí pueden producir consecuencias similares, sino también que un mismo hecho puede abrir escenarios completamente distintos. En el caso de la COVID-19, por ejemplo, encontramos personas atrapadas en el pasado, como nos cuentan muchos sanitarios que no consiguen apartar de la mente las imágenes de los pacientes intubados; puede hacernos rehenes del presente, sometiéndonos a un intenso estrés y a una lucha que parece no tener fin; o hacernos perder el futuro, impidiéndonos ver ese «más allá» que siempre habíamos dado por descontado antes de que esta emergencia se abatiera sobre nosotros.

Un mismo hecho, consecuencias distintas, diferentes modalidades perceptivo reactivas sobre las que trabajar, diferentes técnicas que hay que utilizar y a veces incluso diferentes modalidades comunicativas.

Una cosa es cierta: cualquiera que sea el eje temporal sobre el que se estructura el trastorno, siempre habrá un sutil hilo conductor que une todas estas experiencias: el dolor. Y el sufrimiento difícilmente viajará solo, sino que, con frecuencia, irá acompañado de miedo y angustia, a veces de rabia y de un conjunto de otras emociones complejas muy perturbadoras.

Trabajar con trastornos vinculados a experiencias potencialmente traumáticas y dolorosas significa, por tanto, saber intervenir *ad hoc* en la modalidad perceptivo-emocional de la persona implicada, ayudándola, según los casos, a resituar los hechos en el pasado, a gestionar un presente angustioso y espantoso (evitando tal vez la formación de un auténtico trastorno) o a reabrir una rendija de luz sobre el futuro.

2. Las emociones de la mente herida

> No olvidemos que las pequeñas emociones
> son los grandes capitanes de nuestra vida
> y las obedecemos sin darnos cuenta.
>
> Vincent van Gogh

Si curas la mente, curas el cerebro

En los últimos treinta años los enormes progresos de las neurociencias, que han sido posibles sobre todo gracias al desarrollo de las modernas técnicas de neuroimagen (resonancia magnética funcional y tomografía de emisión de positrones), no solo nos han permitido grandes avances en el estudio de los mecanismos que regulan las funciones del cerebro, sino que además nos han ofrecido la posibilidad de ver y documentar los efectos que tienen en el cerebro las intervenciones psicoterapéuticas (Pagani, Carletto, 2019). Como se demuestra en una reciente reseña sobre esta cuestión (Emmelkamp *et al.*, 2014), existe evidencia científica de que la psicoterapia es eficaz en la cura de una amplia gama de trastornos mentales. Una buena intervención psicoterapéutica produce cambios importantes no solo en la sintomatología del trastorno sino también en el nivel neurofisiológico, lo que conduce a un restablecimiento del correcto funcionamiento cerebral. Un gran número de investigaciones de neuroimagen, realizadas antes y después de la psicoterapia, muestran que el cerebro se reorganiza plásticamente durante el tratamiento, y que este cambio es tanto mayor cuanto más éxito tiene el tratamiento (Furman *et al.*, 2002; Paquette *et al.*, 2003; Goldapple *et al.*, 2004; Martin *et al.*, 2004). De modo que la psicoterapia no se limita a producir cambios perceptivo-emocionales y cognitivo-conductuales, sino que también es capaz de «recablear» el cerebro (Kandel, 1998; Etkin *et al.*, 2005; Doidge, 2015).

Ahora bien, no todos los tipos de psicoterapia son igualmente eficaces para producir estos efectos y es justamente el funcionamiento de nuestro cerebro el que nos ayuda a entender el porqué. La parte más primitiva del cerebro (el paleoencéfalo,[1] sede de la elaboración de las emociones) y la más moderna (el telencéfalo,[2] sede de las cogniciones) se comunican entre sí por dos vías: la *top-down* (de arriba abajo, que va del telencéfalo al paleoencéfalo) y la *bottom-up* (de abajo arriba, que hace el recorrido inverso) (Kock, 2012). Estas dos partes mantienen una

1 El paleoencéfalo está compuesto de locus cerúleo, hipocampo, ínsula, amígdala, corteza orbitofrontal y corteza cingulada anterior. La amígdala es una estructura fundamental en la elaboración de las emociones, especialmente del miedo, y parece que desempeña un papel principal en la memorización y en la consolidación de los recuerdos traumáticos.

2 El telencéfalo está representado por la parte más moderna del cerebro, la de la corteza cerebral organizada en dos hemisferios. Son muy importantes los lóbulos frontales, que pueden considerarse la parte racional de nuestro cerebro, mediante la cual damos un sentido a las cosas, proyectamos, reflexionamos e imaginamos las consecuencias de nuestras acciones.

comunicación constante y se influyen recíprocamente: algunos estudios de neuroimagen han mostrado que, en personas con estados emocionales alterados (rabia, miedo o dolor), la activación de las áreas subcorticales paleoencefálicas siempre coincide con una hipoactivación de las áreas de los lóbulos frontales del telencéfalo (Van Der Kolk, 2006). Ahora bien, las dos vías no son equivalentes desde el punto de vista de la eficacia de la intervención. Como destaca uno de los más importantes neurocientíficos, Joseph LeDoux (2002), el paleoencéfalo influye profundamente en nuestro telencéfalo, pero no al contrario; en otras palabras, las experiencias emocionales determinan de manera decisiva nuestras vivencias y nuestras representaciones conscientes, mientras que estas últimas determinan muy poco nuestras respuestas emocionales. El canal *top-down*, de la mente moderna a la antigua, es, por tanto, muy poco apto para efectuar esos cambios, que se realizan en cambio en sentido inverso (*bottom-up*).

Esto es especialmente evidente cuando se trata de intervenir en vivencias traumáticas, en las que el componente emocional es claramente prioritario respecto al cognitivo, y la racionalidad no puede hacer nada contra la invasión continua de las emociones en la conciencia. Es indispensable, por tanto, intervenir en primer lugar en las emociones primarias (miedo, placer, dolor, rabia), esto es, las que se desencadenan más allá de nuestro control consciente como respuesta adaptativa inmediata a estímulos internos y externos (Nardone, 2019). Son las que Daniel Dennet (2018) llamó «competencias sin comprensión», que nos permiten sobrevivir y adaptarnos rápidamente al ambiente sin necesidad de una intervención mediata de la conciencia. A partir de la gestión de las emociones primarias se llegará luego, por una especie de «efecto dominó», a intervenir eficazmente también en las otras.

Cuando nuestra mente resulta «herida» a causa de experiencias demasiado dolorosas o espantosas, las emociones que solemos vivir en nuestra vida diaria, que en la mayoría de los casos hemos aprendido a gestionar, pueden convertirse en ingobernables. Nos encontraremos, pues, con la explosión de tres de las cuatro emociones primarias: el dolor, el miedo y la rabia. No siempre estarán presentes las tres; dominarán casi siempre una o dos, a las que se asociarán a menudo los componentes fisiológicos de la ansiedad o de la angustia.

Un dolor intolerable puede ser reactivado cada vez que surge de nuevo un recuerdo del pasado, como en el caso del que sufre un trastorno de estrés postraumático, en el que los recuerdos hacen revivir exactamente el impacto emocional experimentado durante el trauma. Una angustia paralizadora puede invadir el presente cuando se está viviendo de forma reiterada una experiencia que crea una fuerte sobrecarga emocional, como en el caso de la pandemia. Por último, una experiencia puede modificar repentinamente nuestra percepción de la realidad, como en el caso de un diagnóstico funesto que nos afecta personalmente o a un ser querido, y nos despoja de golpe de nuestro escenario futuro. Situaciones en las que el dolor por la pérdida, la rabia hacia lo que la ha provocado y el miedo a seguir adelante se convierten en guías incómodos de nuestra vida.

Teniendo en cuenta que las emociones no se liberan (como afirma algún cliché) ni se controlan (como dicta su naturaleza adaptativa), es fundamental aprender a conocerlas y a gestionarlas. Las emociones, además, no respetan las lógicas racionales, sino que exigen actos mentales y conductuales que a menudo entran en contradicción con la lógica ordinaria (Nardone, 2019). Por todas estas razones, las psicoterapias que solo se basan en las cogniciones tienen efectos muy limitados en quien está viviendo o ha vivido experiencias emocionales traumáticas y dolorosas, porque generalmente se focalizan en procesos que se producen en el nivel cortical, que tienen pocas posibilidades de intervención en las áreas subcorticales de tipo emocional, las más implicadas en estos trastornos (Manna, Daniele, 2014). Cuando la mente está «herida», la intervención deberá orientarse ante todo a producir lo que se ha definido como «experiencia emocional correctiva» (Alexander, French, 1946), o sea, vivencias concretas, vinculadas a los sentidos más que a la razón, capaces de activar nuevas respuestas psicofisiológicas funcionales, y solo en un segundo momento a trabajar en el plano cognitivo (Nardone, Milanese, 2018). De hecho, si bien es cierto que las emociones primarias son mecanismos universales y adaptativos, su expresión es diferente en cada uno de nosotros, porque cambia según los aprendizajes adquiridos y, por tanto, puede ser plasmada mediante la experiencia repetida. Como sostiene Tomás de Aquino: «Nada llega al intelecto que no pase antes por los sentidos», aspecto ratificado por muchos neurocientíficos, que han demostrado que todo lo que es capaz de producir experiencias emocionales fuertes acaba influyendo no solo en la reorganización neuroplástica del cerebro, sino incluso en la expresión génica (Gabbard, 2000).

La experiencia emocional correctiva podrá ser producida mediante indicaciones concretas, prescripciones que hay que poner en práctica entre una sesión y otra, pero también puede ser fruto de potentes sugestiones transmitidas durante la sesión, a través de una comunicación sugestivo-evocadora, como veremos más adelante.

Solo tras haber alcanzado este primer objetivo esencial se debería proceder a la realización de todos los otros cambios necesarios para alcanzar el fin último de la intervención, trabajando asimismo en el nivel cognitivo (Nardone, Milanese, 2018).

Una última observación importante: cuando hablamos de «mente herida» no nos referimos tan solo a personas que ya hayan desarrollado un trastorno psicopatológico estructurado, como en el caso del trastorno de estrés postraumático, sino también a quienes están viviendo experiencias repetidas de fuerte impacto emocional, que requieren una intervención de tipo preventivo para evitar el desarrollo de posibles trastornos. En ambos casos, el trabajo terapéutico tendrá como punto de partida justamente la gestión de las emociones primarias, utilizando estrategias que se adapten con precisión a sus mecanismos de funcionamiento.

El dolor, el protagonista

Hemos definido el dolor como el sutil hilo conductor que acompaña a todas las experiencias traumáticas, independientemente de las consecuencias que estas provocan tanto en el plano temporal como en nuestro modo de percibir la realidad. De hecho, donde hay otras emociones fuertes, el dolor nunca falta. Incluso en los casos en los que el miedo es en principio la emoción básica dominante (como en muchos casos de trastorno de estrés postraumático con presencia de ataques de pánico), una vez superado este, aparece el dolor subyacente.

La palabra «dolor» va de la mano de la palabra «pérdida». Podemos sentir dolor por la pérdida de algo fundamental (como la casa o la confianza), de nuestra función (por ejemplo, el trabajo) o de algún ser querido (ya sea por muerte o abandono). Pero también podemos sentir dolor por haber visto a otras personas sufrir terriblemente. Imaginemos, por ejemplo, a quien acompaña a un ser querido durante una larga enfermedad que le ocasiona sufrimiento y, finalmente, la muerte.

El dolor es una experiencia tan rechazada que su ausencia ya se considera una fuente de bienestar: se evita como si fuese la peor desgracia, porque es lo contrario del codiciado placer (Nardone, 2020b). Pero no es así, y el trabajo con los pacientes nos lo muestra todos los días. Quien ha superado un dolor dispone de unos recursos que otros no tienen, como la sensibilidad y la capacidad de adaptarse y de mitigar otros golpes de la vida. El que nunca ha sentido dolor y, evitando experiencias emocionalmente violentas, ha conseguido esquivarlo no es más fuerte, sino potencialmente más frágil y desestabilizable.

Tolstói escribe en *Guerra y Paz*: «Si no hubiera sufrimiento, el hombre no conocería sus límites, no se conocería a sí mismo». Nuestro dolor nos da la medida de lo que somos, nos obliga a reflexionar y a dudar de nuestras convicciones. Es una emoción centinela, que nos advierte de aquello de lo que debemos defendernos, pero que también debemos aprovechar para curarnos. Ahora bien, todo esto solo se comprende tras haberlo superado. Solo se puede meditar sobre la propia experiencia dolorosa tras haberla vivido.

Cuando uno sufre, carece de lucidez. Igual que cuando tiene miedo. Y precisamente como ocurre a veces con el miedo, el dolor también paraliza. Al contrario de lo que nos sugiere la visión heroica del dolor (el héroe reacciona al dolor con fuerza y rabia), cuando se vive esta emoción de forma violenta, quita la fuerza y desmoraliza, anulando aparentemente toda capacidad de reacción. Para no sufrir haremos cualquier cosa: incluso renunciar a vivir. Con tal de no sufrir el dolor de la pérdida, podremos permanecer junto a personas que nos maltratan. Con tal de no detenernos a pensar en lo que nos aflige, podemos volvernos hiperactivos y buscar constantemente actividades que nos distraigan de nuestros pensamientos, o bien sumergirnos en un sueño que actúe como anestesia de los sentidos y de la mente, apagándonos lentamente para no sentir nada. Podemos renunciar para siempre al placer con tal de no sufrir. O incluso podemos tomar fármacos que emboten nuestra mente y nos hagan menos sensibles al dolor. En todos estos casos obtendremos el mismo resultado: una psicopatología y, en consecuencia, otro dolor. La nuestra es la generación de los analgésicos del alma, que ha despojado al dolor de su gran poder taumatúrgico. Como expresó admirablemente Emil Cioran: «El valor del que carece la mayoría es el de sufrir para dejar de sufrir».

Hay que penetrar en el dolor, hay que vivirlo plenamente, hay que sentirlo, experimentarlo y sufrirlo: el dolor se cura con el dolor y gracias al dolor la herida se convierte en cicatriz. Es como el oxígeno, desinfecta y cura, pero a veces para no sentirlo inventamos estratagemas que momentáneamente nos hacen creer que podemos evitarlo, pero que en realidad nunca funcionan.

Podemos intentar «no pensar», distrayéndonos de manera forzada, o sedarlo químicamente transformándolo en una agonía sin fin a la que no podremos reaccionar. Parte de la intervención terapéutica consiste justamente en hacer aceptar que hay que vivir el dolor ante todo como momento fundamental de curación.

Hablando de dolor y de experiencias que dejan una marca, no podemos dejar de mencionar el *sentimiento de culpabilidad* (Nardone, Cagnoni, Milanese, 2021). Por molesto que nos parezca siempre, el sentimiento de culpabilidad actúa como una señal, nos avisa siempre que corremos el riesgo de salirnos de nuestros límites morales o éticos y evita que tomemos decisiones que puedan tener consecuencias para nosotros mismos o para los demás, de las que en un futuro podamos arrepentirnos. No obstante, esta emoción incómoda sobrepasa a menudo su función adaptativa, que debería ser mantener el recuerdo de los errores pasados a fin de evitar cometerlos de nuevo en el futuro, y se transforma en un sentimiento entrometido e invasor que nos limita o incluso nos bloquea a la hora de seguir adelante con nuestra vida serenamente. Pensemos, por ejemplo, en una mujer que cuando era muy joven decidió abortar, convencida de que tendría mucho tiempo para tener un hijo en el futuro, y que descubre con pesar que ya no puede tenerlo. El hecho de no tener hijos y tener que resignarse puede despertar el sentimiento de culpa por el aborto, que se asociará al dolor de la pérdida. La elaboración de este *remordimiento* deberá ser parte del trabajo terapéutico, porque la culpa del pasado se asocia al dolor y a la rabia del presente.

Es más frecuente que sea una situación del presente la que de improviso traiga a la memoria decisiones del pasado que, vistas con los ojos de las consecuencias, asumen valores dolorosos y devastadores. Y esto también vale para el *arrepentimiento*. Este sentimiento se experimenta a menudo en función de una situación actual de carencia que hace resurgir algo «inacabado», un objetivo no conseguido, una satisfacción fallida o una experiencia no vivida plenamente en el pasado. Muchas veces también en el duelo lamentamos no haber disfrutado más de la persona querida que ya no está, y si la muerte ha ocurrido en circunstancias dramáticas el arrepentimiento se convierte en gasolina sobre el fuego del dolor.

El arrepentimiento hace que las personas vivan con la idea de que el presente es peor de lo que habría podido ser si hubiesen tenido el valor, la voluntad o la capacidad de hacer una cosa distinta. «Si hubiese terminado los estudios», «si hubiese aceptado aquel trabajo», estas son algunas de las lamentaciones típicas que pesan como losas sobre las personas. En estos casos, es justamente la falta de una experiencia que se podría haber vivido y no se vivió la que crea paradójicamente en la vida de la persona la presencia agobiante de lo fallido. El arrepentimiento suele aparecer en la vida de las personas en los momentos de dificultad, de insatisfacción o de frustración. Son bumeranes arrojados mucho tiempo atrás, que regresan inexorables para recordarnos un acto fallido.

A pesar de no ser responsable de un verdadero daño o de haber infringido reglas morales o éticas, como en el caso del remordimiento, quien siente arrepentimiento experimenta a menudo sentimiento de culpabilidad y carga con todo el peso de la responsabilidad. En realidad, nunca nos arrepentimos de algo que no podría haberse hecho de una manera distinta a como se hizo. Esto lo confirman también algunos estudios realizados mediante técnicas de neuroimagen. Un reciente estudio ha localizado la emoción vinculada al sentimiento de culpa por haber hecho daño a alguien en un área del cerebro distinta de la que se activa cuando asistimos al sufrimiento de alguna persona pero que no hemos causado nosotros (Mancini *et al.*, 2011).

El sentimiento de culpabilidad conduce a menudo a una rumiación constante y dolorosa. Este mecanismo, común a todas las situaciones de nuestra vida acompañadas de dolor, da lugar a una auténtica sensación de incapacidad de liberarse de algunos pensamientos dolorosos y angustiosos. La mente parece condenada a repensar continuamente en lo que querría olvidar. Esta tendencia a la rumiación ante hechos negativos, aunque asociada a mecanismos predominantemente patológicos, parece tener una función adaptativa (Milanesi, 2019). De hecho, una experiencia negativa, procesada muchas veces consecutivamente por las estructuras superiores y de control de la conciencia, debería ser asimilada lentamente (como demuestra el hecho de que la mera reelaboración repetida puede conducir a una elaboración del dolor). Pero cuando la apelación a la memoria reabre viejas heridas (y con ellas las correspondientes emociones) se produce un aumento exponencial de la intensidad de las emociones mismas que desemboca en la necesidad de «reprocesar» cada vez más el hecho. Este círculo vicioso hace que se pierda la función adaptativa del sentimiento de culpabilidad, creando una dinámica disfuncional y dolorosamente patológica.

El sentimiento de culpabilidad, por último, también tiene el poder de tenernos en jaque cuando nos bloquea en una trampa paradójica en la que la mera idea de poder librarse del sentimiento de culpabilidad acaba alimentándolo cada vez más. Al igual que no es posible elaborar un dolor sin vivirlo plenamente, tampoco es posible elaborar un remordimiento, o una serie de actos lamentables que se han cometido, sin contemplarlos dolorosamente. Enfrentarse a las propias responsabilidades, reales o presuntas, aceptándolas como parte inevitable de la propia historia es fundamental y, a veces, incluso brinda la ocasión de descubrir que las culpas con las que nos atormentamos no han sido del todo nuestras, o que tal vez no son tan graves como las percibíamos antes.

Cuando la culpa se siente, no por algo que hemos hecho o dejado de hacer, sino porque en función de una acción nuestra modificamos negativamente la percepción de nosotros mismos, experimentamos una emoción distinta: la *vergüenza*. Se trata de una emoción universal y representa el fracaso de nuestra dignidad, de la imagen que tenemos de nosotros mismos y que tienen los demás. Podemos avergonzarnos de algo que hemos hecho incluso sin que los demás lo sepan, experimentando un sentimiento de inadecuación insoluble. Traicionar la confianza de alguien puede hacernos vivir esta emoción profunda como algo irremediable y mostrarnos a nosotros mismos como personas desagradables, indignas del amor y de la estima del otro. La vergüenza se distingue de la culpa precisamente en esto: aunque no hayamos causado nada concreto y específico en los otros, sentimos la vergüenza de ser una persona que nunca habríamos creído o querido ser.

Cuando la vergüenza nos la produce una situación externa a nosotros, por ejemplo una humillación sufrida, se une a la ira y se transforma en una rumiación en la que a través de la rabia se intenta delegar la responsabilidad al exterior, pero no funciona. Aunque no seamos los autores, la vergüenza sigue siendo un problema de quien la experimenta.

Desde un punto de vista adaptativo, la vergüenza debería evitar que adoptáramos conductas de las que podríamos culparnos, pero muchas veces se convierte en fuente de límites y patologías. En nuestra actividad clínica nos encontramos cada vez más con trastornos basados en el miedo a avergonzarse o en la incapacidad de ir más allá de esta experiencia emocional. Las personas llegan a avergonzarse de haber sido dejadas y no consiguen elaborar sanamente el dolor de la pérdida, porque están bloqueadas por la vergüenza de la situación por la que están pasando. Hay víctimas de violencia que paradójicamente sienten vergüenza, con lo que se convierten en víctimas por partida doble. Lo mismo ocurre con las personas que tienen patologías vinculadas a la imagen social, como por ejemplo el sida, que a menudo sufren, además de la desgracia de la enfermedad, el peso de la vergüenza.

El dolor puede adoptar, por tanto, muchos rostros, y es muy importante saber reconocerlos para ayudar a las personas a atravesarlo plenamente de forma terapéutica, recordando siempre las palabras de Hermann Hesse: «Empecé a comprender que los dolores, los desengaños y la melancolía no existen para molestarnos ni para quitarnos valor y dignidad, sino para hacernos madurar».

El miedo

El miedo es seguramente la principal emoción primaria, puesto que está relacionado directamente con el instinto de supervivencia. Es una emoción primitiva extraordinariamente potente, que se activa en unas milésimas de segundo en respuesta a la percepción de un peligro, y es susceptible de activar muchas otras respuestas emocionales secundarias. El miedo nos permite sortear un coche que aparece de improviso o recuperar rápidamente el equilibrio cuando tropezamos. Precisamente por estas características fundamentales, cuando supera el umbral de activación fisiológica funcional se transforma en un límite y a menudo da lugar a reacciones invalidantes (Nardone, 2019).

Ante un hecho traumático, la emoción que se activa en primer lugar es el miedo: puede irrumpir en nuestra vida de manera impactante y repentina o insinuarse y permanecer en nuestra vida diaria insidiosamente, como le ocurre a quien se siente amenazado por una persona, por una enfermedad o por una situación de emergencia. En estos casos se puede generar un estado de vigilancia constante que, con el tiempo, puede dar lugar a ataques de pánico y a otros tipos de trastorno.

La respuesta natural de activación fisiológica al miedo es la ansiedad. Se trata de una respuesta sana y funcional, destinada a lograr que la persona esté en condiciones de reaccionar al peligro gracias a los cambios fisiológicos que produce (aceleración de la frecuencia cardíaca, del ritmo respiratorio y del reflejo electrogalvánico) y que activan el organismo en milésimas de segundo para hacer frente a una posible huida o lucha. La ansiedad se vuelve patológica solo cuando supera el umbral de la funcionalidad, porque el exceso de estrés psicofísico nos incapacita para reaccionar adecuadamente y provoca un sufrimiento profundo. Hay estudios que demuestran que en estados de hiperactivación de la amígdala (en que el individuo padece un miedo constante) la liberación continua de adrenalina en la circulación provoca daños somáticos y psíquicos y que con el tiempo estas personas tienen dificultades para gestionar y regular la propia ansiedad en distintas situaciones vitales, incluso cuando la ansiedad puede considerarse fisiológica.

Cuando este mecanismo se estimula repetidamente, se puede establecer una circularidad perversa entre miedo y ansiedad, en la que el miedo produce ansiedad, que a su vez incrementa el miedo (el llamado «miedo al miedo») hasta que se pierde el control de las reacciones y se desencadena un auténtico *tilt* psicofisiológico: el pánico. No obstante, también en estos casos es importante recordar que el miedo es una forma de percepción, mientras que la ansiedad (y el pánico) son una reacción. Esta diferencia es fundamental desde la perspectiva del tratamiento, porque si la ansiedad y el miedo fueran lo mismo, para eliminar el miedo sería suficiente reducir la reacción ansiosa de los individuos (Nardone, 2000). En realidad, está ya ampliamente demostrado que reducir la ansiedad de un individuo puede inhibir sus reacciones, pero no altera sus percepciones; por consiguiente, el miedo subsiste y el trastorno no se resuelve (LeDoux, 2015). Para intervenir eficazmente en la ansiedad desde el punto de vista terapéutico es necesario producir primero un cambio en la percepción del miedo que genera la ansiedad; una vez conseguido esto, como efecto se obtendrá también el reajuste de los parámetros fisiológicos de activación del organismo (esto es, de la ansiedad) dentro de los umbrales funcionales (Nardone, Watzlawick, 1990, 2000; Nardone, 1993, 2000, 2003a, 2016).

La angustia

La angustia es un estado emocional extremadamente desagradable, una mezcla de miedo y dolor, caracterizado por una sensación de fuerte preocupación por un peligro que la persona siente que no puede evitar y frente al cual se siente impotente. A diferencia de la ansiedad, que, como hemos visto, es una respuesta sana y adaptativa del organismo cuando entra en los parámetros de funcionalidad, la angustia siempre es un estado de malestar, nunca de activación positiva. Se trata de un estado de expectativa negativa respecto a hechos futuros basado en la certeza de que las cosas irán del peor modo, sin posibilidad de intervención. Una emoción que, desgraciadamente, desde que estalló la pandemia de COVID-19, se está extendiendo enormemente y está afectando a un número de personas cada vez mayor. Frente a un enemigo invisible para el que no existen todavía remedios eficaces y que nos obliga a una situación de vida innatural, muchas personas están pasando del miedo —la emoción dominante al comienzo de la pandemia— a la angustia. A diferencia del asustado, que frente al peligro se activa para combatir o defenderse de algún modo, el angustiado siente que ha sufrido una condena de la que no puede escapar. Puede ser la sensación de que antes o después el virus nos atacará a nosotros o a nuestros seres queridos, o también de que la vida de antes ha desaparecido y estaremos condenados para siempre a vivir aislados unos de otros, o de que nada de lo que habíamos proyectado para nuestro futuro podrá realizarse. En la angustia no hay esperanza, es como un cono de sombra arrojado sobre nuestro presente y futuro que no permite que penetre ni el más débil rayo de luz.

Pero no hace falta una pandemia para hacernos sentir angustia; para que nos invada esta emoción basta percibir que en cierto modo estamos «condenados» y sin posibilidad de escapatoria. La condena puede deberse a algo que ya ha sucedido en el pasado y que no puede remediarse, a algo que estoy viviendo en el presente y que no puedo modificar o a algo que sucederá en el futuro y no podré impedir. Hay quien, como Bruno, se ha dado cuenta demasiado tarde de que se ha equivocado en la elección de la carrera y está convencido de que este error le impedirá realizarse en la vida. Según él, «la suerte está echada», el error ha sido fatal y lo ha sumido en una profunda depresión. Se pasa el día pensando en el error cometido, inmerso en la angustia de una vida sin futuro, en la que tal vez la única salida parece ser el suicidio. En el caso de Emma, en cambio, la condena es fruto de una sugerencia banal del médico de cabecera. El padre de Emma hacía unos años que había muerto de cáncer de colon y a su madre también le acababan de diagnosticar un tumor. «Se lo ruego, hágase controles todos los años, puesto que existe cierta predisposición a este tipo de enfermedades» le había dicho su médico al término de una visita de rutina. Desde aquel momento la vida de Emma se transformó en una lenta agonía en espera de un diagnóstico infausto. Como el que ha recibido la respuesta de un oráculo y no puede hacer otra cosa que esperar a que se cumpla, la mujer ya no tiene proyectos y pasa los días presa de la angustia del condenado a muerte, al que ni siquiera se le ha concedido la gracia de saber el momento en que se producirá. No se atreve a ir al médico por miedo a ver cumplida la profecía, pero vive como si la profecía ya se hubiera cumplido. Una vida presa de una profunda angustia.

A diferencia de la ansiedad, que activa el organismo, la angustia lo deprime y lo empuja a la renuncia. En realidad, frente a una batalla que ya está perdida antes de empezar, no tiene sentido luchar: la única opción es la rendición total o parcial. Por esta razón la angustia nunca es una emoción útil o adaptativa.

También en el nivel cerebral los estudios de neuroimagen han puesto en evidencia que las áreas que se activan en las personas angustiadas son las vinculadas al dolor físico. Esto no debe sorprendernos, puesto que la percepción de estar en cierto modo condenados —a semejanza de lo que ocurre en otras situaciones de fuerte dolor, como el duelo— implica la percepción de un mal físico. Puede ser la pérdida de la vida que teníamos, de la que hubiéramos querido tener, de nuestra autoestima, de la confianza de vivir en un mundo justo y seguro, o de cualquier otra cosa de la que la condena nos ha privado de forma inexorable e irreversible. En cualquier caso, tendremos la sensación de ser aplastados físicamente y de que nos costará mucho reactivarnos: el síntoma más frecuente de la angustia es, de hecho, un estado depresivo y una sensación de opresión constante en el pecho, como una losa que oprime e impide respirar hondo. El estado de alteración es total, no solo mental, sino también somático y orgánico. Son frecuentes las respuestas emocionales exasperadas, rumiaciones, efectos psicosomáticos y alteraciones del sueño y del apetito. La angustia excesiva o prolongada puede desembocar en trastornos fóbico-obsesivos, trastornos paranoicos o depresivos, abusos de sustancias, pero también en crisis bulímicas, búsqueda de placeres intensos o recuperación de antiguas sintomatologías psicológicas como intento de huida de la tensión constante de la condena. La sensación de impotencia es especialmente preocupante porque se relaciona también con una depresión del sistema inmunitario y con un pronóstico peor en caso de enfermedad. Aspecto que no hay que olvidar si pensamos en la angustia que a menudo produce un diagnóstico funesto, como el de algunas enfermedades oncológicas, o en la situación de angustia que experimentan muchas personas en contextos de emergencias graves, como la pandémica que estamos viviendo.

Como ocurre con la ansiedad, la intervención terapéutica deberá centrarse en la percepción que activa la reacción y no en la reacción en sí misma. En el caso de la angustia habrá que intervenir para modificar la percepción de condena que paraliza a la persona y reabrir la puerta a la esperanza y a la posibilidad de cambio. Como dice el bello aforismo de san Francisco: «Basta un rayo de luz para disipar mil oscuridades».

La rabia

Como todas las emociones primarias, la rabia también tiene una función adaptativa y contribuye activamente a nuestra supervivencia y a nuestra capacidad de gestionar la realidad. La rabia es la respuesta emocional a un estado de frustración que aparece siempre que percibimos la presencia de un obstáculo entre lo que deseamos y la posibilidad de conseguirlo. Su función es desencadenar una reacción psicofisiológica que activa nuestras reacciones con el fin de superar el obstáculo y alcanzar nuestro objetivo. Pero la rabia también tiene una función defensiva cuando se ha vivido un hecho traumático: se activa frente

37

a la injusticia o la catástrofe para no rendirse a las consecuencias y encontrar fuerzas para seguir avanzando.

«Al río que todo lo arranca lo llaman violento, pero nadie llama violento al lecho que lo oprime». Estas palabras del poeta y comediógrafo Bertolt Brecht expresan con gran eficacia la rabia que se siente tras una experiencia traumática. Tener que contener una emoción tan fisiológica como la rabia cuando se es víctima de una injusticia o se sufre un dolor insoportable no es más que violencia sobre violencia. Alejar de nosotros a una persona que nos maltrata, resurgir tras un despido, recuperarse tras un abandono, cuidarse tras haber sido humillados son ejemplos de cómo la rabia puede ayudarnos a avanzar hacia lo mejor para nosotros y para los demás. El tiempo medio de duración de un enfado es de 15 minutos, pero la rabia provocada por una experiencia traumática puede ser tan violenta que no permite iniciar un proceso de cambio y se queda atrapada en la mente de quien ha sufrido el suceso como una bola de fuego que incendia el corazón y el cerebro.

La rabia también puede transformarse en una rumiación constante: pensamientos recurrentes que crean un círculo vicioso en el que se evocan en la memoria determinados contenidos, reabriendo heridas que a su vez evocan la emoción de base, esto es, justamente la rabia. La rumiación rabiosa tiene un impacto negativo no solo desde el punto de vista psicológico, sino que también favorece la aparición de algunas enfermedades físicas, como los trastornos cardiovasculares (Barcaccia, Mancini, 2013). En estos casos de superación del umbral es, pues, fundamental aplicar estrategias eficaces para que fluya la rabia y evitar que se convierta en guía insensata de nuestros actos. Como expresó admirablemente Gandhi, «perder la paciencia significa perder la batalla».

A menudo al dolor rabioso de la rumiación le sigue el placer de la *venganza*. Conocemos el poder calmante que tiene el placer, y justamente a esta función gratificante remite el pensamiento de poder vengarse. En realidad, la venganza no solo no proporciona ningún alivio, sino que incluso amplifica los sentimientos negativos, favoreciendo a la larga la aparición de trastornos ansiosos y depresivos (Carlsmith *et al.*, 2008). Cultivar la venganza significa permanecer encadenados a quien nos ha hecho daño, prisioneros de emociones tóxicas, fatigosas e invasivas. Descubrimiento que no es nuevo, puesto que ya Confucio sugería: «Antes de embarcarte en un viaje de venganza, cava dos tumbas». En cambio, perdonar, entendido como «olvidar el pasado», permite liberarse de este doble vínculo y tiene toda una serie de efectos beneficiosos incluso para la salud: mejora la calidad del sueño, rebaja la presión arterial, refuerza el sistema inmunitario y reduce el consumo de alcohol y otras sustancias (Barcaccia, Mancini, 2013).

Es fundamental, por tanto, gestionar la rabia en primer lugar, tanto para desactivar el mecanismo de la rumiación, que actuaría como un ácido sobre una herida impidiéndole cicatrizar, como para evitar actos que podrían dar lugar a problemas más devastadores aún, o a acciones de las que la persona podría arrepentirse.

A veces se producen situaciones en las que la rabia se convierte en timón de la existencia de personas que aparentemente no tienen motivo para estar rabiosas. No han sufrido injusticias, no han cometido errores de los que culparse y tampoco han sido víctimas de experiencias que puedan haber prendido una mecha capaz de encender el fuego de la rabia. Son personas que sufren por lo que no tienen, pero sobre todo sufren rabiosamente si lo que no tienen lo ven en otro. Se llama *envidia*, y los más afortunados no la han conocido nunca. El que la experimenta bebe a diario el veneno que autoproduce y se intoxica día tras día. Esta peligrosa mezcla de rabia y dolor, cuya función adaptativa debería ser reaccionar al dolor de la carencia poniéndose a trabajar, de adaptativa tiene muy poco. Lo que le ocurre a menudo al envidioso no es una sana reacción proactiva para conseguir un determinado objetivo, sino una actitud rabiosa de descalificación de quien tiene aquello que él no ha conseguido tener, cosa que alimenta más el dolor que debería mitigarse. A veces esta emoción puede ser provocada por una experiencia traumática, como un abandono amoroso, la pérdida del trabajo o un embarazo muy deseado que no ha llegado a buen término. En todos estos casos, en vez de vivir intensamente el dolor y resurgir tal vez más fuerte que antes, la persona se encierra en una espiral de rabia y dolor que derivará inevitablemente en una profunda sensación de ineptitud, fracaso e incapacidad. Al envidioso se le puede aplicar el brillante aforismo de Emil Cioran: «Todos nuestros rencores derivan del hecho de que, habiendo estado por debajo de nuestras posibilidades, no hemos sido capaces de alcanzar nuestra meta. Esto no se lo perdonaremos nunca a los demás».

El placer

En la mente herida, el «gran ausente» entre las emociones primarias es seguramente el placer. La arrolladora implicación emocional evocada por el dolor suele tener como primer efecto crear una especie de «anestesia emocional» respecto a las percepciones placenteras. Esto es evidente no solo en quien ha sufrido abusos sexuales y no consigue entregarse al placer del contacto físico, sino también en todos aquellos que han vivido otros tipos de situaciones traumáticas o están viviendo situaciones de fuerte angustia. En todos estos casos el placer ha desaparecido por completo: una vez que se ha intervenido eficazmente en las otras emociones será importante acompañar a la persona a recuperar también esta dimensión perceptivo emocional fundamental, a fin de restablecer una condición de vida satisfactoria y equilibrada.

3. Permanecer atrapados en el pasado

No puedes volver atrás y cambiar el principio,
pero puedes comenzar donde estás y cambiar el final.

C.S. Lewis

Un rayo repentino: el trauma

Paola y Simone acaban de celebrar el primer mes de vida de su primera hija, Elena. En un momento de gran dificultad a causa de la COVID, el hecho de tener que trabajar en casa debido a las restricciones se ha convertido en algo agradable porque les permite pasar días enteros juntos disfrutando de la pequeña y proyectando el futuro. Una tarde, Paola decide sacar a Elena para que le dé un poco el aire; están fuera apenas una hora y luego regresan a casa. Simone está tumbado en el sofá. «Menudo holgazán» piensa sonriente Paola. Pero Simone, desgraciadamente, no está durmiendo, está muerto, así de repente, y habrá que hacerle la autopsia para aclarar las causas de la muerte de un hombre de solo 35 años, sin ningún tipo de patología conocida. Ocho meses más tarde, Paola tiene impreso en la mente cada instante de aquel terrible descubrimiento. Y es como si reviviese continuamente su regreso a casa y la visión de Simone tumbado en el sofá; ningún recuerdo de su vida de antes, es más, cuanto más se esfuerza por recordar los muchos momentos felices vividos con el marido, más se impone terrible e inexorable la visión de él, muerto en el sofá. Y no solo eso, Paola vive con el terror de que también pueda ocurrirle algo a su querida Elena y no es capaz de dejarla sola ni un instante. El mundo ya no es un lugar seguro para ella, angustiada ante la idea de que en cualquier momento pueda ocurrir otra tragedia.

De acuerdo con su significado etimológico de «herida», el trauma produce a menudo un profundo desgarro en la vida de la persona, una auténtica fractura biográfica. Tanto si se trata de un terremoto, un tsunami, un acto de violencia física, un homicidio o un accidente de tráfico, el trauma es como un rayo que repentinamente desgarra la sensación de realidad y determina un cambio «catastrófico» en la vida de quien lo ha vivido. A partir de esta terrible «experiencia emocional correctiva» (Alexander, French, 1946), la vida de la persona quedará dividida en un «antes», cuando el mundo era seguro y previsible, y un «después», en el que ya nada está bajo control y el trauma sigue apareciendo como en una especie de eterno presente.

Nos encontramos ante lo que la bibliografía especializada define como «trastorno de estrés postraumático» (TEPT), en el que la persona se ve continuamente atormentada por el recuerdo del trauma vivido. El que sufre este trastorno vive recuerdos recurrentes e intrusivos del hecho que son auténticos *flashbacks,* pesadillas muy intensas de la experiencia traumática, insomnio, irritabilidad, ansiedad y tensión generalizados. A estos síntomas de activación aumentada puede asociarse un estado físico de aturdimiento, una clara disminución del interés por actividades antes placenteras y una sensación de distanciamiento o de extrañeza frente a los demás. Aparecen también a menudo sentimientos de culpabilidad por lo que ha sucedido o por cómo hemos actuado (o por no haber podido evitar el suceso), casi siempre exagerados y que no se corresponden con el desarrollo real de los hechos y las responsabilidades objetivas. Muchas veces ocurre, en realidad, que quien ha sido víctima de un acto de violencia, una agresión o un abuso se sienta profundamente culpable por no haber conseguido evitarlo. «Fui un ingenuo», «No debería haber salido sola a aquellas horas...», hasta llegar a suscitar sentimientos terribles de culpabilidad en quien ha sido objeto de abusos, a veces de corta edad, que se siente profundamente culpable por no haber reaccionado o pedido ayuda.

En todos estos casos, podremos decir que la persona permanece literalmente «atrapada» en el pasado, que sigue invadiendo e inundando el presente de miedo, dolor y rabia. Desde el punto de vista neurofisiológico, la «trampa» está ya bien documentada gracias a las sofisticadas técnicas de neuroimagen de las que disponemos. Existen estudios que han evaluado el impacto que produce un trauma en el cerebro y han destacado que este afecta básicamente a la memoria «procedimental» o «implícita», esto es, a la memoria relativa a comportamientos automáticos, reacciones emocionales y hábitos semiautomáticos, que no dependen de nuestra activación voluntaria (Van der Kolk *et al.*, 1996; Manna, Daniele, 2014). En esta memoria no interviene la corteza cerebral (el telencéfalo), sino estructuras de nuestro cerebro más arcaico y subcortical (el paleoencéfalo). De modo que los recuerdos relativos al trauma no parecen haber sido codificados en la memoria «declarativa» o «explícita», de tipo biográfico y cognitivo, que registra las experiencias que pueden ser evocadas voluntariamente,[1] sino desmembrados y almacenados como estados emocionales y como percepciones sensoriales (sensaciones somáticas, imágenes visuales, sonidos, olores...) separadas de las otras experiencias perceptivas. Por esta razón, los recuerdos traumáticos no se someten a una elaboración y a un continuo procesamiento como los otros recuerdos, a menudo son fragmentarios, no necesariamente ordenados de manera cronológica y llenos de lagunas. El que ha sufrido un trauma puede recordar detalles muy concretos de la experiencia traumática y poco o nada de otras informaciones (Halligan *et al.*, 2003; Manna, Daniele, 2014).

Es interesante observar que este tipo de efecto puede producirse no solo después de una experiencia relacionada con la muerte o una amenaza muy grave para la integridad propia o de otro, como en el caso de Paola, sino también después de hechos de naturaleza distinta y que, a ojos de los demás, podrían parecer incluso poco importantes. Es el caso de Anna, que, al regresar un día a casa antes de la hora habitual, se encuentra a su compañero en la cama con otra mujer. A partir de ese momento las imágenes vistas, las voces escuchadas, los olores percibidos entonces siguen atormentándola, invadiendo sus días y sus noches. Anna no ha podido volver a dormir en su habitación y está pensando seriamente en cambiarse de casa. A Antonio, en cambio, se le aparece continuamente la imagen del jefe que le comunica su inesperado

[1] La memoria explícita depende del lóbulo temporal, especialmente del hipocampo y de las estructuras corticales vinculadas funcionalmente a él.

despido; y cada vez que se propone mirar los anuncios de trabajo aparecen de nuevo esas imágenes, así como las palabras oídas en aquel momento y el profundo sentimiento de consternación y humillación experimentado.

Si bien es cierto que la cualidad del hecho que determina la herida puede variar notablemente, es importante subrayar que no todas las personas expuestas a un estrés postraumático, aunque sea de tipo «extremo», van a desarrollar síntomas y a permanecer atrapadas en el pasado. Un informe de la OMS realizado en 24 países ha analizado la probabilidad de desarrollar un trastorno de estrés postraumático en relación con distintos tipos de hechos traumáticos (Kessler *et al.*, 2014). Los porcentajes estimados van del 33% en el caso de quienes han sufrido abusos sexuales, al 30% en quienes han sufrido la muerte repentina de una persona querida o una amenaza grave a su propia salud, al 28% en las personas involucradas en un ataque terrorista y al 12% en el caso de las que han vivido alguna catástrofe natural o accidente. Esto demuestra que los seres humanos estamos naturalmente equipados para superar las experiencias traumáticas que son parte integrante de la vida.

Frente al trauma: las coping reactions

Nuestra investigación-intervención realizada en personas que han quedado «atrapadas en el pasado» a causa de un hecho traumático ha demostrado que estas suelen recurrir a algunas estrategias defensivas en un intento de superar el trauma vivido. Se trata de lo que hemos llamado *coping reactions* (Cagnoni, Milanese, 2009), esto es, reacciones a menudo espontáneas y no necesariamente elegidas que las personas ponen en práctica con la ilusoria esperanza de poder acabar con el trauma de su memoria, pero que desgraciadamente no hacen más que seguir manteniéndolo aún más vivo y presente.

La principal *coping reaction* es el intento de controlar los pensamientos y olvidar la experiencia traumática. La persona libra una batalla constante para controlar los pensamientos, con la ilusión de poder olvidar de algún modo el trauma vivido y mantener bajo control las espantosas sensaciones relacionadas con este. Sin embargo, «tratar de no pensar o de olvidar» paradójicamente hace pensar aún más en aquello que se querría olvidar. Como expresó Michel de Montaigne: «nada fija una cosa tan intensamente en la memoria como el deseo de olvidarla».

La segunda *coping reaction* típica es la evitación de todas las situaciones asociables al trauma: la persona tiende a evitar los lugares, las personas y las situaciones directamente vinculadas al hecho, pero puede incluso llegar a evitar todo lo que es capaz de suscitar en ella emociones semejantes a las experimentadas durante el trauma (por ejemplo, en caso de estupro o abuso físico, cualquier tipo de contacto físico). Sin embargo, cada evitación conduce irremediablemente a una cadena progresiva de evitaciones que, si bien en el momento pueden crear la ilusión de proteger, acaban confirmando a quien las pone en práctica la peligrosidad de una gama cada vez mayor de situaciones y su incapacidad para gestionarlas. El efecto final será aumentar más el miedo y el dolor del trauma e invalidar cada vez más la vida de la persona.

Una tercera reacción es la petición de ayuda y seguridad, esto es, la tendencia a estar siempre acompañados y reconfortados por alguien que se preste a intervenir en caso de crisis o que simplemente esté disponible para apaciguar verbalmente. El efecto de esta estrategia al principio parece claramente tranquilizador para la persona, pero poco a poco, al igual que la evitación, conduce al agravamiento del miedo. De hecho, precisamente la posibilidad de tener a alguien preparado para intervenir en su ayuda confirma al individuo su incapacidad de afrontar solo las situaciones temidas y gestionar las consecuencias. Este proceso también tiende a generalizarse y a menudo conduce a la persona a instaurar auténticas formas de dependencia de los demás.

A veces la implicación de los demás adopta la forma de «lamentación», cuando la persona siente la necesidad de seguir hablando del trauma vivido y de las sensaciones vinculadas a él con la ilusión de «desahogarse». Hablar produce un doble efecto: en un primer momento la sensación de alivio por haber «sacado» lo que tenía dentro y haber compartido el malestar; en un segundo momento, no obstante, esto se traduce en una necesidad cada vez más apremiante de desahogo y en una incapacidad cada vez mayor de gestionar sola las propias sensaciones.

En los casos más severos, la persona se siente tan superada por el malestar que llega a retirarse lenta y progresivamente de la vida, una auténtica «renuncia», que puede desembocar en trastornos depresivos severos.

Transformar la herida en cicatriz: la novela del trauma

Todas las *coping reactions* que acabamos de exponer en realidad remiten a un mismo mecanismo de fondo: el intento desesperado de borrar el pasado traumático y calmar la tempestad emocional que este ha desencadenado en la vida del paciente. La intervención terapéutica deberá, por tanto, orientarse en primer lugar a desbloquear estos mecanismos disfuncionales guiando al paciente a «colocar el pasado en el pasado».

Como hemos visto, las áreas cerebrales afectadas en el mantenimiento de este trastorno son las subcorticales más arcaicas, vinculadas a las emociones. Recuerdos e impacto emocional viajan juntos y retornan, implacables, más allá de todo acto de voluntad o intento desesperado de encontrar la paz. Ya se trate de miedo, dolor o rabia, la persona se ve continuamente superada por estas oleadas emocionales extremadamente intensas y a menudo incontroladas. No tendría sentido, por tanto, que la intervención terapéutica se concentrara en la conciencia y en la cognición, que pertenecen a las áreas superiores del cerebro como la corteza cerebral. Las intervenciones psicoterapéuticas estrictamente cognitivas (orientadas principalmente a la memoria semántica y episódica) tienen pocas posibilidades de obtener resultados apreciables con este tipo de trastorno (Peres *et al.*, 2005). Por otra parte, el que ha vivido un trauma es perfectamente consciente de los hechos que han originado el problema que está viviendo y sabe que ciertas sensaciones ya no tienen razón de ser, pero esta conciencia no le ayuda en nada a superar su malestar.

De modo que será indispensable dirigir a la persona hacia nuevas experiencias emocionales correctivas positivas, que le permitan superar los efectos nocivos de la experiencia traumática (Nardone, Milanese, 2018). La principal técnica elaborada para ello es la prescripción que hemos llamado *novela del trauma* (Nardone, Cagnoni, Milanese, 2007; Cagnoni, Milanese, 2009).

Al final de la primera visita pedimos a la persona que escriba una especie de relato con todos los recuerdos del trauma pasado —imágenes, sensaciones, recuerdos, pensamientos— lo más detalladamente posible. Todos los días deberá volver a repasar por escrito esos terribles momentos, hasta que crea que ha contado todo lo que había que decir. Es importante que la narración sea diaria, redundante y lo más detallada posible. Una vez escrito, deberá firmar y meterlo todo en un sobre. En la siguiente sesión entregará todos sus escritos al terapeuta.

La lógica de esta maniobra está espléndidamente expresada en el aforismo de Robert Frost: «El mejor camino para salir es siempre a través», una manera muy evocadora de hacer sentir a la persona hasta qué punto es indispensable aceptar sumergirse en el propio dolor para poder finalmente salir de él.

La novela del trauma conduce a la persona a resituar en el pasado el hecho traumático —podríamos decir a «archivarlo»— a fin de que deje de invadir el presente, gracias a cuatro efectos importantes.

El primero es *externalizar* todos los recuerdos, las imágenes, los *flashback* que el paciente experimenta, esto es, sacar lo que antes estaba dentro. Transfiriendo los recuerdos al papel día a día, poco a poco, el paciente descubre que puede hacer fluir este intenso flujo emocional reorganizándolo en forma narrativa, hasta liberarse de él. Escribir permite que emerjan elementos de los que tal vez no se tiene ni conciencia, y de la pluma pueden brotar detalles y emociones que la persona no habría sabido expresar verbalmente.

La repetición diaria de la narración produce otro efecto importante: un proceso de «habituación» fisiológica a los recuerdos traumáticos, fenómeno por el que un estímulo que se repite igual a sí mismo debilita la percepción y reduce la activación de la respuesta emocional específica.[2] Al buscar activamente y a diario los recuerdos peores y las sensaciones más terribles y dolorosas para transcribirlas, la persona acabará por no vivirlas ya como algo incontrolable e intrusivo, sino como algo ya gestionable, precisamente porque ha sido buscado voluntariamente y no sufrido. Gracias a este proceso de habituación, con el paso de los días el hecho de revivir por escrito el trágico suceso permite *distanciarse* gradualmente del miedo, del dolor y de la rabia que este ha provocado. La meta final será *resituar temporalmente* el pasado en el pasado.

A través de la novela del trauma, la herida que había quedado abierta se transforma poco a poco en una cicatriz que, aunque no desaparece por completo, permite a la persona reapropiarse de su presente (Nardone, Cagnoni, Milanese, 2007; Cagnoni, Milanese, 2009).

El hecho de tener que entregar la novela al terapeuta representa, por último, una especie de «rito de paso», de superación del hecho traumático que amplifica sugestivamente el efecto producido por la ejecución de la prescripción. En las sesiones siguientes, se repite la prescripción pero ya no como obligación diaria, sino como ins-

2   Según el neurocientífico Mani Rawasmani (2014), cada vez que un estímulo produce la activación repetida de cualquier grupo de neuronas se produce también una activación paralela de tipo negativo, que gradualmente acaba inhibiendo la respuesta de aquel mismo grupo de neuronas. Se trata de un mecanismo de «economía mental» fundamental, sin el cual estaríamos continuamente abrumados por una miríada de estímulos y no podríamos prestar atención a los nuevos y significativos, que exigen mayor relieve respecto a los de escasa importancia porque son repetitivos y familiares.

trumento utilizable «en caso de necesidad», si resurgen algunos recuerdos o imágenes dolorosas y necesitan ser transcritas y archivadas.

El poder de la escritura en la elaboración de las experiencias traumáticas (y no solo) está ya documentado abundantemente. Sloan *et al.* (2015, 2018) han demostrado su enorme eficacia en el tratamiento del trauma y han asumido que esto puede deberse a su efecto de externalización y de reelaboración de los hechos traumáticos. También Pennabaker y Smyth (2016) destacan que los efectos terapéuticos de la escritura no se deben a una simple catarsis emocional, sino que están relacionados con un profundo proceso de reelaboración de las vivencias emocionales vinculadas al trauma. La escritura, además, produce también importantes beneficios físicos en el sistema inmunitario, en el sistema nervioso autónomo y en el cardiovascular. Los resultados obtenidos a través de la escritura no solo son rápidos sino también duraderos (Thompson-Hollands *et al.*, 2018, 2019; Pavlavic *et al.*, 2019) y capaces de potenciar la resiliencia de quien ha vivido un trauma (Glass *et al.*, 2019).

La eficacia de la *novela del trauma* también está confirmada por la neurociencia, puesto que produce una experiencia emocional correctiva que permite intervenir en primer lugar en las áreas arcaicas del cerebro, las responsables de las emociones. La narración escrita del hecho traumático hace posible integrar en un único relato los recuerdos traumáticos, a menudo fragmentados en huellas emocionales muy intensas pero aisladas unas de otras. De este modo no solo se produce una dilución de su carga emocional, sino también una reorganización neuroplástica de las redes neuronales implicadas y la resituación de los fragmentos espaciotemporales de la memoria traumática en una trama coherente (Manna, Daniele, 2014). El hecho de escribir facilita el restablecimiento de los vínculos entre la memoria procedimental y la declarativa verbal, cosa que permite «dar voz» a todas aquellas emociones, recuerdos y sensaciones que habían quedado «bloqueados» dentro de las partes más arcaicas y preverbales del sistema nervioso (Van der Kolk, 1994) y restablecer los vínculos entre las distintas zonas de nuestro cerebro (Janssen, 2006).

Podemos considerar, por tanto, la *novela del trauma* como la técnica principal y distintiva en el tratamiento de los traumas que atrapan en el pasado, precisamente porque interviene directamente en la *coping reaction* fundamental —tratar de no recordar— y en sus mecanismos neurofisiológicos básicos. Su eficacia es muy elevada y puede producir ya un primer desbloqueo entre la primera y la segunda sesión de la terapia. La maniobra, además, se ajusta perfectamente a las características de los pacientes traumatizados porque combina fuerza con delicadeza y directividad con respeto absoluto a la libertad de la persona a la hora de escribir lo que quiere escribir y cómo.

El aspecto más difícil de esta maniobra reside en la capacidad del terapeuta para lograr que el paciente la acepte, ya que se trata de una técnica dolorosa, sobre todo durante los primeros días de su aplicación. A veces el terapeuta necesita varias sesiones hasta lograr que el paciente decida ponerla en práctica. Por esta razón, como veremos en el capítulo 6, es indispensable que el terapeuta preste la máxima atención a la relación y a la comunicación con el paciente, utilizando una modalidad muy sugestiva y recurriendo a imágenes evocadoras que puedan reducir al mínimo la resistencia del paciente a aumentar su *compliance* a la prescripción.

Cuando el trastorno se complica

La *novela del trauma* es la primera y fundamental maniobra utilizada en el tratamiento del trastorno de estrés postraumático, pero obviamente no es la única. Una vez resituado el pasado en el pasado, será indispensable trabajar también en otras *coping reactions* hasta la completa resolución del trastorno. Remitimos a la obra *Cambiar el pasado* (Cagnoni, Milanese, 2009) para el tratamiento detallado del protocolo de intervención en el trastorno de estrés postraumático.

Si el trastorno es «puro», esto es, no ha dado lugar a otros tipos de trastornos, esta intervención será suficiente para solucionarlo completamente. Sin embargo, en un porcentaje de casos, entre un 62% y un 92%, el trastorno evoluciona en otras direcciones y se estructura a menudo como origen de un trastorno diferente (Davidson *et al.*, 1991; Shore *et al.*, 1989).

La evolución más común es la creación de un trastorno fóbico, y se produce cuando la evitación conductual se convierte en la reacción dominante de la persona, asociada a menudo a la petición de ayuda a las personas de su entorno. La persona puede limitar sus evitaciones a ciertos tipos de situaciones u objetos, desarrollando en este caso una fobia específica: después de un accidente, por ejemplo, es posible que no quiera conducir por la autopista, pero siga haciéndolo por otras vías. Pero podría incluso desarrollar un mecanismo por el que, a partir de las situaciones más próximas al trauma, tiende poco a poco a generalizar las evitaciones hasta llegar a evitar la mayor parte de las actividades diarias. Paralelamente, puede pedir la presencia continua de las otras personas que tendrían la función de «ayudantes» en caso de que se sintiera mal o se hallara en dificultades. Son los casos más complejos, en los que la vida diaria resulta gravemente invalidada y la persona acaba atrapada en un trastorno fóbico generalizado y severo.

El trastorno de estrés postraumático también puede evolucionar en un trastorno obsesivo compulsivo. En estos casos, los rituales típicos del trastorno se desarrollan como intentos de la persona de restablecer el control de su vida que el trauma destruyó (Nardone, Portelli, Bartoletti, 2008). De modo que podemos encontrar personas que realizan rituales preventivo-propiciatorios —fórmulas mágicas que hay que repetir mentalmente o acciones que hay que llevar a cabo con la ilusión de conjurar la repetición de una experiencia traumática y propiciar hechos positivos— o bien rituales de tipo «reparador», mediante los que la persona trata de anular los efectos de la experiencia traumática: por ejemplo, llevando a cabo diariamente extenuantes rituales de lavado y descontaminación para «lavar» la suciedad de un abuso repentino.

Las personas que han sufrido un hecho traumático acaban muchas veces aislándose del mundo y desarrollando un *trastorno de abuso o dependencia de sustancias* (Cash, 2006) como último intento de gestionar los devastadores efectos del trauma. La inicial sensación engañosa de alivio producida por este tipo de sustancias se traduce de hecho, muy rápidamente, en un aumento de la percepción de la propia angustia y, una vez pasado el efecto, en un aumento del nivel de ansiedad. Nuestro sistema sensorial está programado para percibir las sensaciones basadas en contrastes, de modo que cuanto más alivio se consigue con una determinada sustancia, más amplificada se percibirá la sensación en ausencia de esa misma sustancia. Esto puede conducir lentamente a un abuso de benzodiacepinas que, como depresoras del tono de humor, a largo plazo oscurecen aún más el escenario inicial. Lo mismo ocurre con el alcohol, que, aunque al principio alivia el peso de la ansiedad y de la angustia, con el tiempo se convierte en un problema en sí mismo, a veces no solo de abuso sino de auténtica dependencia. Estos son los casos en los que el peor resultado está garantizado precisamente por la utilización errónea de psicofármacos o sustancias psicotrópicas, como hachís o marihuana que, a la larga, actuando como perfectos depresores del sistema nervioso, no solo inhiben cualquier intento de acceso a los recursos sanos de las personas, sino que se convierten en un trastorno secundario no menos grave que el primero (Lisak, 1994; Simpson, Miller, 2002; Kilpatrick, Acierno, 2003; Walsh, Fortier, Dilillo, 2010; Rogosch *et al.*, 2010; Banducci *et al.*, 2014; Caputo, Milanese, 2017). En otras palabras, la sustancia que debería servir para borrar el recuerdo del hecho traumático y aliviar el estado emocional alterado no solo fracasa en su objetivo, sino que acaba por aprisionar a la persona en otro trastorno.

Otra evolución común del trastorno de estrés postraumático es el desarrollo de un trastorno *depresivo*. Puesta frente a sus intentos fracasados de superar el trauma, la persona acaba desarrollando un fuerte sentimiento de impotencia, que la empuja a renunciar. En estos casos, la batalla diaria (perdida) contra los pensamientos y las emociones abrumadoras cede gradualmente el paso a la rendición. La depresión, por tanto, no es la reacción primaria al hecho traumático en sí mismo, sino más bien el punto de llegada final de una lucha extenuante. Al desarrollo en sentido depresivo contribuyen también a menudo los sentimientos de culpabilidad, muy frecuentes sobre todo en quienes han vivido traumas como la violación, abusos físicos o un accidente. «No debería haberme vestido de manera provocadora», «Debería haber corrido inmediatamente a ayudar a la persona del otro coche», «No debería haber salido solo de noche» son frases que a menudo las personas que han vivido un trauma siguen repitiéndose a sí mismas y a los demás. Y de nada sirve que todos les recuerden que no son ellas las responsables de lo sucedido: la culpa se insinúa de manera cada vez más insidiosa en la vida de la persona y contribuye a su rendición depresiva. Es más, cuanto más tratan los demás de animar y tranquilizar más acaban paradójicamente confirmando el estatus de víctima de la persona traumatizada y su tendencia a la renuncia.

No podemos olvidar tampoco todos los casos en los que el trauma está asociado al duelo por la pérdida de una persona querida. En estos casos, al intenso dolor por la pérdida se añade a menudo también una fuerte rabia, que puede dirigirse hacia el que ha causado el trauma o hacia el destino, la suerte o Dios, si el trauma ha sido provocado por las fuerzas de la naturaleza (inundaciones, terremotos y otros desastres naturales). Si no se gestiona eficazmente, esta mezcla de dolor y rabia puede ir acumulándose gradualmente hasta explotar en dirección autodestructiva o dirigida hacia los otros, estructurándose a veces como punto de origen de un *trastorno paranoico* (veremos en el capítulo 5 cómo de una experiencia traumática puede llegar a construirse una auténtica condena).

En todos estos casos de «comorbilidad» el terapeuta, partiendo de los síntomas más invalidantes, deberá conducir al paciente hacia la superación de los distintos trastornos hasta conseguir la reorganización de un sistema perceptivo-reactivo funcional (para el tratamiento de los distintos trastornos se remite al lector a la bibliografía estratégica).

Existe una casuística de pacientes que llegan a pedir ayuda para trastornos que, en un segundo momento, asumen el significado de aparente «cobertura» del problema originario. Se trata de las situaciones en que la sintomatología que el paciente aportaba a la terapia era un intento inicial de resolución del problema, que no solo no había sido superado, sino que había dado lugar a una situación más grave todavía.

Ocurre de hecho que tras una experiencia dolorosamente traumática, en un intento desesperado de aliviar el sufrimiento insoportable que produce, las víctimas de estas situaciones llegan a provocarse dolor físico para no sentir el emocional, que es demasiado violento. Los actos de *autolesión* (cortarse, producirse pequeñas quemaduras, pincharse con agujas, despellejarse, morderse…) son una de las modalidades desgraciadamente más frecuentes, sobre todo en la adolescencia, ejecutadas como antídoto contra el dolor emocional. A veces nacen como actos punitivos para expiar un sentimiento de culpabilidad insoportable, otras veces, en cambio, nacen como única modalidad para trasladar la atención de la esfera emocional a la física. Estas conductas adquieren con el tiempo la dimensión de auténticas conductas compulsivas que, al aumentar la frecuencia, pueden transformarse gradualmente en un placer sutil (Nardone, Selekman, 2011). El aspecto placentero asumido por estas formas de autotortura es ignorado demasiado a menudo debido a prejuicios y resistencias morales, obstaculizando así el posible proceso terapéutico que, como he subrayado muchas veces, ha de partir justamente de la característica más sobresaliente, tanto si se basa todavía en el intento de calmar un dolor como si ya ha evolucionado en la forma de un placer sutil.

Además, no es raro descubrir detrás de un trastorno alimentario un trauma sufrido en el pasado, como por ejemplo un abuso. En estos casos, una vez desbloqueado el problema por el que la paciente nos había pedido ayuda y creado un clima de confianza, surge la parte dolorosa que la había llevado inicialmente a crearse una armadura anoréxica o la agradable compulsión de comer y vomitar como acto lenitivo. Lo que acabamos de describir representa de manera concreta cómo una situación problemática severa se rige por una compleja concatenación de soluciones intentadas que desembocan en el desarrollo de distintos trastornos, que no son más que el punto de llegada de un intento desesperado de poner fin al dolor.

La última casuística, aunque no menos importante, afecta a todas aquellas situaciones en que las experiencias traumáticas han derivado en trastornos de nivel superior, como los trastornos de personalidad. Tanto de nuestra observación en el campo clínico de miles de casos en más de treinta años de práctica terapéutica como del trabajo de otros autores que se han ocupado de este tema, parece deducirse que estos trastornos están vinculados a una serie de experiencias disfuncionales vividas a lo largo del tiempo. No se trataría, pues, en la mayor parte de los casos, de una única experiencia que impacta emocionalmente en la persona causándole el trastorno, sino de una serie de experiencias «potencialmente traumáticas», subjetivamente trastornadoras, caracterizadas por una percepción de sí misma que puede ir del peligro a la vergüenza, a la humillación, al no ser amada y atendida desde pequeña, etc.

Por ejemplo, ser víctimas de abusos repetidos o violencias físicas o morales durante la infancia no tendrá el mismo resultado que sufrirlos en la edad adulta, pero no siempre en la anamnesis de un trastorno *borderline* hallaremos auténticos traumas impactantes en la vida de la persona. A veces se trata de hechos que tomados aisladamente podrían no constituir una experiencia traumática, pero que repetidos en el tiempo con una cierta constancia y en el seno de una relación significativa pueden incidir en la personalidad del sujeto (Nardone *et al.*, 2017).

Haber asistido durante toda la infancia a los encuentros sexuales que la madre mantenía con sus «clientes» llevó a Marco a desarrollar un odio rabioso contra las mujeres, con las que nunca logró establecer una relación duradera. En cambio, estableció una relación simbiótica con su madre con la que vivía y de la que, a pesar de tener más de cincuenta años, no lograba separarse, justificando lo que había vivido como la única manera que había tenido ella de cuidarle. Conservaba, no obstante, la idea auténticamente paranoica de que las mujeres solo lo utilizarían sexualmente y nunca lo amarían de verdad.

Este caso, y muchos otros similares en que los hechos repetidos no han llegado a constituirse en un trastorno de estrés postraumático sino en un trastorno de orden

superior, son ejemplos en los que los hechos, como las go-
tas de agua de la famosa tortura china, acaban cavando
un surco indeleble en la vida de las personas y en que la
terapia deberá actuar de manera claramente diferente a la
utilizada en un postrauma.

Es evidente, por tanto, hasta qué punto es fundamental la capacidad del terapeuta de actuar siempre de
arriba abajo, es decir, partiendo siempre de la situación
que invalida al paciente en el presente para pasar luego,
poco a poco, a los niveles sucesivos. Una vez que sobre
el trauma se ha activado un trastorno secundario, el propio trauma ya no representa el «límite» invalidante en
el presente de la vida del paciente, y solo en un segundo
momento, si es necesario, será objeto de una intervención. En la mayoría de los casos, una vez estructurada la
patología secundaria, la experiencia traumática no será
más que un recuerdo ya elaborado y superado.

Desde esta perspectiva, resulta indudable una vez
más la importancia de una intervención precoz y eficaz
en situaciones potencialmente traumáticas, como las que
veremos en el próximo capítulo.

4. Ser rehenes del presente

Nos ha sorprendido una tormenta
inesperada y furiosa.
PAPA FRANCISCO, plaza de San Pedro
27 de marzo de 2020

Es posible que no sea un único hecho el que genere efectos traumáticos, sino una secuencia de hechos repetidos o prolongados en el tiempo que, considerados individualmente, son de escasa entidad, pero que en conjunto pueden tener un impacto devastador en el equilibrio de la persona. En estos casos se trata del llamado «trauma acumulativo»,[1] cuyo efecto traumático se estructura de forma «gradual», como una especie de tela de araña que se teje poco a poco en torno a la persona hasta atraparla. Los pequeños hechos traumáticos pueden tener el mismo efecto nocivo que los hechos traumáticos de gran intensidad y provocar el desarrollo de distintos trastornos

1 La definición originaria del «trauma acumulativo» se debe a Khan (1963), que la introdujo para describir cómo hechos aparentemente no traumáticos o llamativos vividos en la adolescencia podían tener un efecto patógeno en la estructuración de la personalidad del individuo debido a su acción repetida y estresante.

psicológicos, que van del área fóbico-obsesiva al abuso de sustancias y a los trastornos paranoicos y depresivos (Manna, Daniele, 2014).

Sonia es la joven mamá de dos niños: Paolo, de 6 años, y Enrico, de 2. Una mañana, mientras está con la abuela, Enrico sufre violentas convulsiones, que se repiten los días siguientes aunque con menor intensidad. «Epilepsia» sentencian los médicos, aunque pese a los meses transcurridos no consiguen dar con la terapia eficaz. De modo que es muy importante que los padres estén muy pendientes por si deben intervenir ante una posible crisis. Desde entonces Sonia vive en un estado de alerta constante: no consigue dormir bien y tiene los nervios a flor de piel. La esperanza de que finalmente se encuentre el remedio eficaz alterna con la conciencia de que, incluso en el mejor de los casos, Enrico deberá superar muchas dificultades y convivir con una gravosa terapia farmacológica. Sonia dedica el tiempo libre a buscar en internet información sobre la epilepsia y los posibles remedios, pero cada vez está más confundida y desanimada. «Tengo la sensación de vivir una pesadilla interminable», explica.

Mattia vive en una zona de fuerte riesgo sísmico. Hace unos años hubo un terremoto algo más intenso y luego, en los meses siguientes, muchas sacudidas menores pero frecuentes que hacían salir a la gente a la calle. Para Mattia no hay diferencia entre ayer y hoy: vive en un estado de activación permanente por miedo a que pueda producirse otra sacudida fuerte. No duerme en su habitación sino en el sofá cerca de la puerta de salida y con los zapatos al alcance de la mano para estar preparado para escapar. Toda su vida gira en torno a todas las precauciones que toma para protegerse de la próxima sacudida, pero el miedo no parece disminuir, al contrario.

¿Y qué decir de Luisa? Desde que dejó al marido, este sigue insultándola y amenazándola con quitarle a los hijos. «Eres una pésima madre, además has tenido depresión y has tomado psicofármacos, ¡el juez te quitará a los niños!» le repite incesantemente, más para atormentarla y vengarse que por un auténtico impulso paternal. Y Luisa se desespera angustiada: aunque el abogado le dice que no tiene nada que temer, ha leído en internet muchas historias de injusticias. Con los nervios destrozados, no puede mirar a sus hijos sin llorar, ni concentrarse en el trabajo. Se siente como una condenada a muerte delante de un pelotón de ejecución que no se sabe cuándo disparará. Llama continuamente a sus amigas para que la tranquilicen, pero no parece funcionar: la angustia no la abandona nunca y comprende que está hundiéndose gradualmente en una depresión.

Sonia, Mattia y Luisa no están atrapados en el pasado, sino amenazados por un presente ansiogénico y angustioso que parece haberse prolongado indefinidamente. Quien es rehén del presente lucha a diario para intentar liberarse, pero sin éxito. La ansiedad del combatiente alterna con la angustia de quien siente que la guerra, en realidad, está perdida, y que la única posibilidad es la rendición. La situación de estas personas recuerda la de Sísifo, condenado eternamente a empujar todos los días una piedra desde la base hasta la cima de un monte, para verla caer inexorablemente y tener que volver a empezar al día siguiente. Frente a este suplicio que parece sin fin, algunos siguen luchando y otros acaban rindiéndose a la angustia que los devora. Si no reciben el soporte adecuado, las personas que son rehenes del presente corren un riesgo elevado no solo de sufrir un agotamiento psicofísico, sino también de que aparezcan trastornos psicológicos severos, como los depresivos o paranoicos.

Una intervención psicológica precoz y eficaz es, por tanto, indispensable para ayudar a las personas a aprender cuanto antes a cabalgar las olas de la emergencia traumática sin ser arrastradas por ellas, convirtiéndose en hábiles surfistas y tal vez —por qué no— mejor equipadas para enfrentarse en el futuro a mares tempestuosos.

En medio de la tempestad: la pandemia de COVID-19

El ejemplo seguramente más actual y paradigmático de lo que significa ser rehenes de un presente con riesgo de trauma es la situación de pandemia de COVID-19 que estamos viviendo desde hace un año en el momento de escribir este libro. Cien años después de la pandemia más grave de la historia de la humanidad —la gripe «española»— que costó la vida a más de cincuenta millones de personas, el 2020 nos sorprendió con el coronavirus, que en muy pocos meses se extendió por todo el planeta y nos enfrentó no solo a nuestra vulnerabilidad e impotencia, sino también a la quiebra de la confianza incondicional en el progreso médico-científico, considerado por muchos omnipotente, al menos en la cura de las enfermedades infecciosas (Nardone, 2013, 2017; Bormolini *et al.*, 2020). Un enemigo desconocido, invisible y fuera de nuestro control nos obligó a adoptar medidas de precaución nunca vistas anteriormente: de un día para otro abrazar a nuestros seres queridos significaba la posibilidad de infectarlos e incluso matarlos; no hemos podido darnos la mano, besarnos, ni salir en grupo o acercarnos a los demás y la mascarilla se ha convertido en nuestra compañera inseparable. Cines, teatros, gimnasios, bares, restaurantes y comercios han tenido que cerrar las puertas, con la esperanza de poder contener la propagación del virus mientras llega la anhelada cura o vacuna. Nuestro vocabulario también se ha enriquecido con palabras nuevas, que los medios de comunicación proponen constantemente: «distancia social», «prohibición de reunirse», «teletrabajo», «enseñanza a distancia», hasta llegar al «confinamiento» o *lockdown*. A la crisis sanitaria se le ha unido inevitablemente la económica, que está contribuyendo a poner a dura prueba no solo la salud física, sino también la psicológica de buena parte de la población. Ya a finales de marzo de 2020 un grupo de investigadores de la universidad de Harvard[2] había alertado sobre la posibilidad de una emergencia psicológica en Italia si no se trataban adecuadamente todos los otros aspectos vinculados a la pandemia, especialmente los relacionados con el confinamiento, además de los estrictamente médicos. En el editorial de junio de 2020 del *World Psychiatry*[3] el director general de la Organización Mundial de la Salud, Tedros Adhanom Ghebreyesus, convierte la alerta en un grito de alarma: la pandemia de COVID-19 no es solo una amenaza para la salud física sino también para la mental. Trastornos como depresión, trastorno de estrés postraumático y trastorno de uso de

2   El «COVID International Behavioral Science Working Group», dirigido por Gary King.
3   T. Adhanom Ghebreyesus, «Addressing mental health needs: an integral part of COVID-19 response», *World Psychiatry* 19(2), junio 2020, pp. 129-130.

sustancias aumentan claramente, como ya ocurrió en Asia durante la epidemia de SARS de 2003. Según el Observatorio Europeo de las Drogas y las Toxicomanías (OEDT), el confinamiento ha producido un incremento en el consumo de drogas y en el uso y abuso de psicofármacos, especialmente de benzodiacepinas, con una tasa de crecimiento de más del 4% en los seis primeros meses de 2020.

También la violencia doméstica parece ir en aumento, debido a que las familias se ven obligadas a permanecer confinadas en casa durante largos períodos. Según el director de la OMS, la emergencia de la que habrá que ocuparse es la que afecta a la salud mental y no solo a la física.

Las emociones de la pandemia

El miedo es la emoción que dominó al principio de la pandemia, extendiéndose a mayor velocidad aún que el propio virus. Al miedo a enfermar o a perder a un ser querido se fue añadiendo el miedo a un futuro económico incierto y nebuloso, así como el miedo a perder los hábitos y seguridades personales, la imposibilidad de relacionarse con los demás, en general el miedo a perder la «normalidad» que siempre habíamos dado por supuesta.

Y también se desencadenó la rabia, con todas las variantes posibles: la rabia por las restricciones que nos fueron impuestas o por los que no las respetaban, porque se consideraba que eran excesivas o insuficientes, rabia contra los hipotéticos «propagadores» o contra quien se excedía en las precauciones y, actualmente, contra quien cree que es importante vacunarse o quien considera que no hay que vacunarse. Con el confinamiento, la casa ha pasado de ser un lugar de intimidad a ser un lugar de reclusión, provocando dinámicas interpersonales a menudo conflictivas, que han desembocado en un aumento de la violencia doméstica. Como animales en cautividad, sometidos a un estrés enorme y sin la posibilidad de intervenir eficazmente para restablecer cierto control sobre nuestra vida, cada vez sentimos más rabia y la necesidad de tener un «enemigo al que combatir», que nos haga creer que al menos podemos hacer algo.

Sin embargo, aunque disfuncionales en su exceso, el miedo y la rabia «activan» el organismo y tienen, por tanto, efectos menos devastadores que otro estado emocional que está cada vez más extendido: la angustia. Frente a un enemigo invisible y fuera de nuestro control, conscientes de la inevitable crisis económica que acaba de comenzar, sin las certezas que hasta hace unos meses parecían seguras, las personas pueden llegar a experimentar un fuerte sentimiento de impotencia, una mezcla de miedo y de dolor, que deprime en vez de activar. Mientras que la ansiedad provocada por el miedo, si no traspasa determinado umbral, induce a luchar y en cierto modo nos mantiene activos, la angustia abate, es una tortura constante que consume a quien la experimenta. Como hemos visto antes, la persona angustiada vive con una constante sensación de opresión en el pecho que le impide respirar y con la íntima convicción de estar de algún modo «condenado» por la situación que está viviendo. Si no se puede combatir al «enemigo» o huir de él, solo cabe rendirse, un dejarse llevar que en el plano fisiológico corresponde a una depresión del sistema inmunitario, y en el psicológico puede provocar trastornos psicológicos graves, sobre todo de tipo depresivo.

Muy amplificadas por la utilización compulsiva de la red y por el fenómeno conocido como «infodemia» (esto es, la difusión rápida e incontrolada de noticias, tanto verdaderas como *fake*), el miedo, la rabia y la angustia son cada vez más virales y provocan un extenso contagio emocional y un nuevo empeoramiento de las condiciones psicológicas puestas ya a prueba por la pandemia.

No olvidemos, por último, el tremendo dolor de todos aquellos que han perdido a un ser querido a causa del virus, o por otras causas, y no han podido estar a su lado en los últimos momentos de su vida debido a las restricciones impuestas por la emergencia sanitaria. En estos casos se habla de «duelos sin cuerpo» (Solomita, Franza, 2020), duelos de difícil elaboración por la falta de acompañamiento y despedida al moribundo y, durante el primer confinamiento, también por la imposibilidad de celebrar el rito funerario: gestos fundamentales para una sana elaboración del duelo que, además de ser una experiencia subjetiva, incluye una parte social fundamental. La muerte en tiempos de la COVID-19 se ha convertido, por tanto, en una «muerte por anulación» (Bormolini *et al.*, 2020), en la que el superviviente ha vivido literalmente la «desaparición» del ser querido, primero aislado en un hospital y luego ocultado definitivamente dentro de un ataúd.

Por no hablar del dolor de quien ha contraído el virus y ha luchado en primera persona, en un hospital y separado de sus seres queridos, a menudo con respiración asistida y la angustia de no saber cómo evolucionará, o también en casa, con el malestar y el sufrimiento del aislamiento y el terror de poder empeorar de un momento a otro.

Mención aparte merece la situación de quien está luchando en primera línea contra el virus: el personal sanitario. El personal médico y de enfermería, sometido a un estrés excepcional, se enfrenta desde hace meses no solo a un aumento enorme de su carga de trabajo —ritmos rápidos y extenuantes— sino también a una sensación de impotencia frente al sufrimiento, físico y mental, de los pacientes y a las altas tasas de mortalidad. Una presión difícilmente soportable sobre todo para quienes trabajan en reanimación y en cuidados intensivos, que a veces tienen que tomar decisiones muy difíciles desde el punto de vista ético y emocional. Este intenso estrés se ve agravado además por la conciencia del elevado riesgo de infección y por haber tenido que alejarse de sus seres queridos para protegerlos del contagio. Y a esta situación ya de por sí difícil se añade el progresivo deterioro de la percepción de la figura de los sanitarios por parte de un número de personas desgraciadamente cada vez mayor. Considerados primero héroes, han sido después estigmatizados como «propagadores» hasta llegar a ser acusados hoy, momento en que está comenzando la campaña de vacunación en todo el mundo, de colusión o de estar al servicio de los *lobbies* farmacéuticos, cuyo único interés es vender la vacuna. Esta sobrecarga emocional convierte a los sanitarios en una población con alto riesgo de desarrollar trastornos psicológicos, especialmente de tipo postraumático, vinculados no tanto a un solo trauma como a una secuencia de microtraumas, cuyas consecuencias, si no se gestionan ya, se harán evidentes una vez superada la fase de emergencia, al igual que las heridas del guerrero no se sienten hasta que ha terminado la batalla (Dutheil *et al.*, 2020; Jianbo *et al.*, 2020; Nardone, 2020a).

En conclusión, si es inevitable que una crisis como esta provoque emociones intensas de miedo, angustia, rabia y dolor, también es indispensable intervenir desde un punto de vista preventivo para evitar que este malestar se transforme en trastornos psicológicos estructurados (Brooks *et al.*, 2020). En un momento de emergencia sanitaria, en el que se nos insta a adoptar conductas fundamentales para nuestra salud y la de los demás, no podemos olvidar la tajante afirmación de la OMS en la Declaración de Helsinki: «No hay salud sin salud mental». Efectivamente, una mala salud mental va asociada también a una escasa adhesión a las intervenciones en la salud física en general; intervenir en el plano psicológico resulta, por tanto, también fundamental para aumentar el apoyo y la *compliance* de las personas a las líneas marcadas por las autoridades sanitarias.

Intentar mantenerse a flote: las psicotrampas de la pandemia

Teniendo en cuenta la importancia y la actualidad del tema, trataremos aquí detalladamente los principales mecanismos disfuncionales —las llamadas «psicotrampas» (Nardone, 2013)— puestas en práctica por las personas para tratar de gestionar la situación relacionada con la COVID-19 y las principales estrategias funcionales que pueden utilizarse para ayudarlas a afrontar la emergencia. Es importante subrayar, sin embargo, que las mismas psicotrampas, y por tanto las mismas estrategias, se pueden encontrar en todas las situaciones en las que la persona es «rehén del presente», independientemente del contenido específico de lo que «la mantiene rehén».

Cuando el mar está embravecido, intentar cabalgar las olas, o al menos mantenerse a flote, pone a dura prueba las habilidades de navegación de quien no podía ni imaginar que iba a salir a la mar ni que existieran semejantes olas. De las reacciones funcionales para gestionar el momento crítico causado por la pandemia se ha pasado fácilmente a reacciones claramente disfuncionales, que en vez de reducir la carga de malestar emocional y de estrés lo han incrementado involuntariamente. Buenas estrategias de gestión se han transformado en pésimas estrategias por un exceso de dosificación, del mismo modo que un fármaco se convierte en veneno si se toma en cantidades excesivas.

Estamos hablando de lo que en otro lugar hemos llamado «psicotrampas», esto es, guiones perceptivo-reactivos que se han estructurado con éxito a lo largo de nuestra vida, pero que, si se exasperan o se tornan inflexibles, pueden llegar a ser claramente disfuncionales. Veamos cuáles son las principales psicotrampas vinculadas a la pandemia.

La evitación en forma de distanciamiento social es la principal forma de protección propuesta para reducir al mínimo el riesgo de contagio y la propagación del virus. El cierre de todas las actividades de encuentro (restaurantes, gimnasios, discotecas…), la prohibición de reunirse, las regiones divididas por franjas de colores, hasta llegar al confinamiento pertenecen a este tipo de ámbito: evitar los contactos para evitar la propagación del virus. Sin embargo, el miedo al contagio ha llevado a algunas personas a una evitación generalizada, que va mucho más allá de las recomendaciones sanitarias. Hay personas que evitan abrir las ventanas por miedo a que entre el virus, otras que viven prácticamente encerradas en casa o que prefieren comer y dormir en habitaciones separadas de sus familiares.

Si la evitación «sana» nos permite no solo protegernos a nosotros mismos y a los demás, sino también reducir el miedo al contagio, su exceso produce el efecto opuesto: cuanto más evito más aumenta mi percepción de estar en grave peligro, iniciando así un círculo vicioso en el que el aumento de las evitaciones conduce a un empeoramiento gradual del miedo que deberíamos alejar.

Además de la evitación, el otro pilar sobre el que se basa la intervención de gestión del virus es el del control y de las precauciones: procesos de higiene personal y del ambiente, uso obligatorio de mascarillas, uso de guantes, potenciación de las defensas inmunitarias con suplementos son instrumentos prescritos o aconsejados para protegerse del contagio. Igual que en la evitación, también el exceso de control o de precauciones innecesarias (llevar puestos siempre los guantes, desinfectar repetidamente los objetos, etc.) produce efectos psicológicos perjudiciales. Cuanto más me protejo, más aumenta la percepción de estar en peligro, cosa que me llevará a intensificar aún más las precauciones, iniciando así una escalada sin fin.

Sobre todo al principio de la epidemia, la incertidumbre y la falta de informaciones seguras sobre el virus y sobre cómo protegerse hizo que fuera fundamental poder acceder a fuentes fiables, como las del Ministerio de Sanidad, que indicaran cuáles eran las conductas adecuadas. Sin embargo, esta sana necesidad se transformó rápidamente en una auténtica búsqueda compulsiva de informaciones, no solo las procedentes de las fuentes oficiales, sino también y sobre todo de las que se encuentran en la red y en las redes sociales que estuvieron a punto de estallar, gracias también al largo período de confinamiento. La búsqueda de información pasó así de ser una necesidad a un intento de obtener seguridad, y esto produjo el efecto contrario: personas deprimidas por la información diaria sobre el número de muertes vieron aumentada su angustia por ellas mismas y por sus seres queridos; otras fueron víctimas de *fake news*, noticias falsas sobre los orígenes del virus, sobre su naturaleza, sobre cómo curarlo, además de numerosas teorías conspirativas. Este exceso de información alimentó muchísimo no solo el miedo y la angustia, sino también la rabia, que halló en las redes sociales el ambiente ideal para propagarse y alimentarse cada vez más.

Especialmente insidioso es también el mecanismo de «socializar» lo que se piensa y se siente. Estamos acostumbrados a pensar que hablar de nuestros miedos, ansiedades y angustias compartiéndolos con otros es una manera eficaz de librarse de ellos y reducir su peso. En realidad, también en este caso el problema está en las dosis: hablar continuamente de los propios miedos, rabias o angustias con la esperanza de «desahogarse» produce justamente el efecto contrario: cuanto más la socializo, tanto más aumenta la emoción que querría reducir y esto me induce a hablar todavía más, en un círculo vicioso sin fin. Incluso cuando el hecho de hablar de ello busca obtener seguridad, el resultado obtenido es negativo: en efecto, delegar en otros la tarea de contener nuestras emociones no solo las provoca, sino que nos hace cada vez más necesitados de palabras de consuelo, en una especie de «efecto ansiolítico» de la tranquilización que, en un primer momento parece que funciona, pero que luego nos hace cada vez más dependientes de los demás e incapaces de gestionar nosotros solos nuestras emociones.

En época de pandemia, por último, hay un aspecto especialmente crítico y es la demanda de ayuda médica. A diferencia de lo que había ocurrido siempre, esto es, consultar al médico de cabecera o ir a urgencias en caso de síntomas preocupantes, la pandemia ha impuesto que el contacto con las estructuras sanitarias se produjese siguiendo unos protocolos especiales. Se animó encarecidamente a las personas que presentaban síntomas sospechosos a contactar con los centros sanitarios pertinentes, pero solo con unas condiciones médicas especiales. Sin embargo, a muchas personas, sobre todo en los primeros meses, la ansiedad las empujó a recurrir a visitas y pruebas médicas innecesarias, al margen de los procedimientos de seguridad. Como consecuencia de esto se produjeron bloqueos en los servicios de Urgencias debido a personas que presentaban síntomas de escasa importancia o que acosaban a los médicos de cabecera, que ya estaban desbordados, para que las tranquilizasen. Paralelamente, se constataba una alarmante tendencia contraria: personas que habrían necesitado atención médica urgente, como por ejemplo los enfermos de corazón, prefirieron no ir a Urgencias por miedo al contagio. Esta actitud produjo desgraciadamente un notable incremento de muertes por accidentes cardiovasculares. Como se desprende de un estudio llevado a cabo por la Società Italiana di Cardiologia (De Rosa *et al.*, 2020), en el primer trimestre de la pandemia de COVID-19 la mortalidad por infarto se triplicó en Italia.

Aprender a cabalgar las olas

Evitar, controlar en exceso, buscar información compulsivamente, socializar y buscar ayuda son las principales psicotrampas de la conducta en las que es fácil caer cuando somos rehenes del presente, independientemente de que quien nos ha «secuestrado» sea un virus, un hecho natural como un terremoto, una persona que nos acosa o cualquier otra situación que nos provoque continuos microtraumas.

En más de treinta años de investigación clínico-experimental llevada a cabo en el Centro di Terapia Strategica de Arezzo se han elaborado toda una serie de técnicas creadas *ad hoc* para intervenir en estos mecanismos disfuncionales y reconducirlos a su funcionalidad (Nardone, Watzlawick, 1990, 2000, 2005; Nardone, 1993, 2000, 2003a, 2017; Watzlawick, Nardone, 1997; Nardone, Portelli, 2005, 2013; Nardone, Balbi, 2008; Nardone, Salvini, 2013; Pietrabissa *et al.*, 2016). Estas técnicas han demostrado su efecto en muy poco tiempo no solo en el ámbito psicoterapéutico, sino también en el de prevención del riesgo de aparición de patologías psicológicas estructuradas. Obviamente, según el tipo de situación, la intervención en cada psicotrampa no ha de ser considerada como un acto en sí misma, sino siempre inserta en un proceso más articulado, tanto en el ámbito psicoterapéutico como en el preventivo.

El miedo a la evitación

Una reestructuración que ha resultado ser claramente eficaz para desbloquear rápidamente la tendencia a la evitación disfuncional de las personas que tienen miedo es la que se elaboró en la década de 1990 para la curación de los trastornos fóbico-obsesivos (Nardone, Watzlawick, 1990; Nardone, 1993), y que fue utilizada luego con éxito en todas las posteriores evoluciones de los protocolos para el tratamiento de estos trastornos (Nardone, 2000, 2003a, 2016; Nardone, Portelli, 2005; Nardone, Salvini, 2013). Se trata de una maniobra comunicativa construida para adaptarse perfectamente a la percepción de la persona invalidada por el miedo.

Recurriendo a la lógica del dicho latino *ubi maior, minor cessat*, en vez de apelar a la racionalidad, se utiliza la fuerza del miedo contra el propio miedo, induciendo así de manera indirecta al paciente a desbloquear su tendencia a la evitación. En su formulación tradicional la argumentación que se propone es la siguiente:[4] «Querría que usted empezase a pensar que cada vez que evita algo por miedo está provocando dos efectos paralelos. El primero es que el hecho de evitar le hace sentir mejor, más protegido, porque no ha de hacer frente a lo que teme; el segundo efecto, completamente involuntario pero extraordinariamente potente, es que cuanto más evita, más se confirma que no es capaz de afrontar la situación o que si la hubiese afrontado estaría muy mal. Y este segundo efecto es justamente el que contribuye no solo a mantener su miedo, sino a empeorarlo cada vez más. Evidentemente no le estoy pidiendo que deje de evitar, porque sabemos que en este momento no puede hacerlo, pero empiece a pensar que cada vez que evita está contribuyendo no solo a mantener, sino a empeorar más su miedo».

4 En la versión evolucionada de dirección de una primera sesión estratégica la reestructuración es el punto final de un diálogo estratégico sabiamente dirigido, hecho de preguntas, paráfrasis y evocaciones, que hará que el otro, a través de un proceso de descubrimiento conjunto con el terapeuta, adquiera conciencia de la disfuncionalidad de su mecanismo de evitación. Para profundizar en la técnica del diálogo estratégico, véase Nardone, Salvini (2004).

Esta reestructuración es muy poderosa justamente porque aprovecha la emoción principal que amenaza a la persona (el miedo), sin caer en la trampa de pedirle de manera directa que afronte lo que teme, sorteando así su natural resistencia al cambio. En virtud de esto, la mayoría de las veces la persona empieza espontáneamente a enfrentarse a cosas que antes evitaba, descubriendo que tiene los recursos para hacerlo y empezando así a reducir también el miedo.

Obviamente, la reestructuración deberá adaptarse «quirúrgicamente» al objeto del miedo del paciente, sobre todo en el momento en que es utilizada para intervenir en situaciones de miedo relacionadas con un peligro real y concreto como las que vive el que es rehén del presente. De hecho, hay una diferencia enorme entre quien sufre un trastorno fóbico generalizado, en el que el miedo mayor es precisamente el llamado «miedo al miedo» y el que ha de enfrentarse todos los días al miedo a contagiarse con el coronavirus, a vivir una sacudida de un terremoto o a ser perseguida por un acosador. En todos estos casos, además, la evitación en su justa medida es un mecanismo protector sano y, como tal, debe mantenerse, reduciéndolo solo en caso de exceso. En la reestructuración propuesta será importante, por tanto, subrayar que solo cuando la evitación es excesiva se torna disfuncional.

En el caso del miedo al contagio de COVID-19, por ejemplo, tras insistir en la importancia de cumplir las normas de evitación sanas prescritas por las autoridades sanitarias, se ayudará a la persona a descubrir que la evitación excesiva conduce a un incremento continuo del miedo y de la ansiedad que comporta. A esta consideración habrá que añadirle otra fundamental: el hecho de que la constante activación fisiológica ansiosa, si se prolonga en el tiempo, conduce inevitablemente a una depresión del sistema inmunitario, nuestro más potente sistema defensivo contra el virus. De modo que cuanto más evita la persona, más aumentan su ansiedad y su miedo, exponiéndose así más a contraer el virus del que querría protegerse. El miedo a enfermar se utiliza sabiamente como palanca de desbloqueo de las evitaciones patológicas, ayudando a la persona a reconducir esa emoción a un nivel adaptativo, que le permita afrontar el momento de emergencia de la mejor manera.

Manteniendo la misma lógica de la maniobra —crear un miedo mayor que inhiba el menor— será indispensable encontrar para cada situación concreta el «miedo mayor», que se adapte perfectamente a la percepción de la persona, aspecto que exige del terapeuta rigor y a la vez creatividad.

Los pequeños riesgos y el «sano control»

La misma lógica utilizada para desbloquear la evitación puede ser adoptada para el tema de las precauciones y de los controles excesivos. Imaginemos, por ejemplo, el caso de Luisa, cuyo exmarido sigue amenazándola con quitarle los hijos, acusándola de ser una mala madre. Aterrorizada por esta posibilidad, la mujer ha empezado a adoptar una serie de precauciones para estar protegida en caso de un proceso judicial: controla obsesivamente que sus hijos hagan los deberes y saquen buenas notas en el colegio, pero al mismo tiempo ha empezado a darles todo lo que le piden, puesto que el padre trata de ganárselos con regalos. También ha dejado de salir alguna noche con la amigas y dedica a los hijos todo su tiempo libre. Todas estas actitudes, según cree, deberían garantizarle ser considerada «una buena madre», pero la están poniendo cada vez más nerviosa y estresada, aspecto que incide inevitablemente también en su relación con los hijos, sobre todo con el mayor. En su caso, la reestructuración eficaz ha consistido en hacerle ver que justamente sus intentos de prevenir la acusación de ser una mala madre la están llevando a alterar su equilibrio y su actitud con los hijos, hasta el punto de correr el riesgo de convertirse en una mala madre y, por tanto, ser más vulnerable en caso de juicio. A partir de este miedo mayor, se propuso a la mujer correr todos los días algún pequeño riesgo de manifestar su «espontaneidad» maternal, y a descubrir así que esto no solo la ayudaba a serenarse y a reducir la ansiedad, sino que le permitía también recuperar su autoridad materna y la excelente relación que siempre había tenido con los hijos.

En cambio, en el caso de la persona que se excede en las precauciones para evitar el contagio de la COVID-19 ha resultado eficaz hacerle ver que el exceso de control en aspectos secundarios o claramente irrelevantes (por ejemplo, desinfectar varias veces los objetos de la compra o pasar el día limpiando obsesivamente la casa) le producía tanta fatiga que le hacía perder lucidez respecto a los controles realmente indispensables. Este exceso de precauciones y de controles no solo no protege, sino que acaba exponiendo a un mayor riesgo de contagio. Una vez efectuada esta reestructuración, para garantizar que la persona siga realizando los controles de precaución sanos se puede acordar con ella una especie de «protocolo» de procesos preventivos y de control eficaces, a fin de proteger al mismo tiempo la salud física y la mental.

Ritualizar la búsqueda de informaciones

Como hemos visto, una de las modalidades utilizadas para tratar de tranquilizarse cuando uno es rehén del presente es la búsqueda continua de informaciones, especialmente en la red. Ya se trate de catástrofes naturales, COVID-19 o de cualquier otro tipo de amenaza que esté viviendo la persona, internet es una fuente inagotable de informaciones, por desgracia casi siempre poco fiables e incluso tendenciosas. Si tecleamos la palabra *stalking* en Google, aparecen más de cuarenta y siete mil resultados, si tecleamos «epilepsia infantil», ciento cuarenta y siete mil, y en el caso de «COVID-19» más de seis mil millones. Webs de información, grupos de autoayuda, *blogs:* podemos encontrar de todo y su contrario. Y este es un motivo más por el que la búsqueda de información en internet puede llegar a ser compulsiva y generar cada vez más ansiedad y angustia. De nada serviría en estos casos explicar a la persona que debería evitar buscar continuamente información: «Ya lo sé, pero no puedo parar» es la respuesta más frecuente. Utilizando una técnica que ha resultado ser muy eficaz en la cura del trastorno obsesivo compulsivo e hipocondríaco (Nardone, 2003a; Nardone, Portelli, 2013; Bartoletti, Nardone, 2018) se procederá a ritualizar la búsqueda de información por parte del paciente. Este deberá seleccionar ante todo solo fuentes fiables, evitando totalmente las redes sociales o los grupos de debate en internet. En segundo lugar, deberá seleccionar uno o a lo sumo dos momentos del día para dedicarse a la búsqueda de información y por un tiempo limitado; fuera de estos espacios deberá evitar toda búsqueda de información. Con el paso de los días esta maniobra reduce notablemente la angustia del paciente y su necesidad compulsiva de búsqueda, y le ayuda a recuperar la justa medida entre la necesidad de información y la preservación de su bienestar emocional.

El púlpito vespertino

Hablar continuamente del propio miedo, rabia, ansiedad y angustia es tal vez uno de los mecanismos más generalizados y universales del ser humano. Esta psicotrampa la encontramos en una amplia gama de trastornos, aunque aparece especialmente cuando se está viviendo una situación de emergencia. En estos casos, pedir a la persona que renuncie del todo a compartir su estado de ánimo puede resultar no solo ineficaz sino incluso contraproducente, sobre todo cuando la ansiedad y la angustia son muy intensas. Como un vaso que rebosa, la persona siente que no puede contener ella sola esa oleada emocional y, por tanto, es importante concederle un espacio diario donde poder hacerlo. Para ello se utiliza una maniobra que se creó sobre todo para el tratamiento de los trastornos depresivos y de las presuntas psicosis (Nardone, 1998; Nardone, Portelli, 2005; Muriana et al., 2006), aunque luego se ha utilizado transversalmente en muchísimas otras situaciones. Se trata de la técnica conocida como *púlpito vespertino*.

Todas las noches, antes o después de cenar, la persona deberá aislarse en una habitación de la casa con quien más ganas tenga de desahogarse (generalmente, se trata de un miembro de la familia), pondrá el despertador para que suene media hora más tarde y dispondrá de media hora para hablar de todo lo que quiera, lamentándose de lo que la hace sentir mal. El oyente deberá permanecer en absoluto silencio, sin decir palabra. Cuando suene el despertador, se interrumpe la sesión y se evita comentar lo que se ha dicho, citándose para repetir el mismo ejercicio la noche siguiente. Durante el día, la persona deberá evitar hablar de lo que la hace sufrir, respetando lo que se define como «conjuración del silencio». Si reservar un tiempo limitado para compartir el malestar tiene un efecto liberador, seguir hablando de ello es perjudicial; es como regar una planta con un fertilizante especial para que crezca cada vez más.

La reacción más frecuente a este tipo de tarea impuesta es que las primeras noches la persona consigue llenar realmente toda o parte de su media hora. Sin embargo, poco a poco la ansiedad y la angustia empiezan a disminuir y la persona descubre que es capaz de gestionarlas por sí sola, sin tener que recurrir continuamente a los demás. Esto supone a menudo el primer paso de la intervención, al que seguirán otras maniobras de soporte para lograr que la persona aprenda a mantener el equilibrio incluso sobre la cuerda floja de la emergencia.

El miedo a la ayuda médica

Incluso en el caso en que la persona recurra continuamente a visitas médicas se pueden usar reestructuraciones que utilicen el miedo contra el miedo, creadas y probadas con éxito en el tratamiento del trastorno hipocondríaco (Nardone, 2003a; Bartoletti, Nardone, 2018).

En el caso de la COVID-19, por ejemplo, se podrá insistir en el hecho de que acudir a los ambulatorios o a centros médicos para ser visitado reiteradamente o hacerse pruebas innecesarias aumenta inevitablemente el riesgo de contagio. También llamar continuamente al médico para ser tranquilizado puede resultar contraproducente. En este caso no solo se produce el efecto de que cuanto más busco esa tranquilización más necesidad sentiré de ella, sino que además se corre el riesgo de no ser tomado en serio si llegara el momento de que la necesidad fuese real, como en el conocido cuento del muchacho que gritaba por diversión «que viene el lobo, que viene el lobo» y que cuando el lobo llega de verdad nadie le hace caso.

Contener la angustia

Cuando uno es rehén del presente, podemos decir que una cierta cantidad de angustia es prácticamente inevitable. Vivir en una situación de emergencia puede hacer que incluso las personas más fuertes y luchadoras sientan que no hay salida. A este respecto es paradigmático el caso de la categoría que está más expuesta a los efectos de la COVID-19: los sanitarios. Desbordados por una situación que nadie esperaba, médicos y enfermeras son objeto de ataques desde varios puntos de vista. No solo el miedo a contraer el virus y poder contagiar a sus seres queridos, sino también la sensación de impotencia ante los enfermos graves, el miedo a no estar a la altura de las decisiones que habrá que tomar, no sentirse suficientemente apoyados, etc. Es inevitable, por tanto, que muchos de ellos, como desgraciadamente ya está ocurriendo, empiecen la jornada laboral con una profunda sensación de angustia en el pecho, angustia que no desaparece nunca. En estos casos sería ingenuo pensar que se les puede liberar completamente de un peso que, en cierto modo, no pueden soportar. Pero sí podemos ayudarles a limitarlo a un momento concreto del día, a fin de liberar los otros momentos y aportarles cierto alivio. Sugerimos que todas las mañanas, antes de acudir al trabajo, se sumerjan completamente en sus angustias imaginando los peores escenarios que podrían presentarse y permitiéndose el llanto o cualquier otra reacción que se produzca, hasta tocar el fondo del malestar y salir luego a la superficie. Una vez hecho esto, estarán preparados para comenzar la jornada laboral. La angustia, confinada a un momento prefijado del día, pasa de ser insuperable a ser gestionable, y permite a las personas no ser arrolladas por las olas de la tempestad que a diario tienen que afrontar.

Recuperar el placer

Uno de los efectos más evidentes del hecho de estar atrapados en el presente es la pérdida total del placer, emoción fundamental para nuestro equilibrio psicofísico. Una vez que se ha intervenido con maniobras adecuadas para desbloquear el miedo, la ansiedad y la angustia, es importante conducir a la persona a recuperar esta dimensión de la vida tan importante. Para ello le pedimos que todos los días introduzca un pequeño placer en su vida: puede ser algo que le guste mucho comer, una buena música, un masaje o un baño caliente, la contemplación de una cosa hermosa, etc. No se trata de ir en busca de grandes cosas, que a menudo resultan imposibles precisamente por la difícil situación que está viviendo la persona, sino de pequeños placeres que puedan despertar todas las sensaciones agradables que se perdieron por la emergencia.

Un caso especial es el del confinamiento debido a la COVID-19, durante el que las personas han perdido la posibilidad de dedicarse a la mayor parte de los placeres que antes llenaban su vida y sufren la angustia de un «vacío» que no saben cómo llenar. Vemos que sobre todo los jóvenes se adaptan cada vez más a esta situación, que puede derivar en una renuncia depresiva. En estos casos, para reabrir la puerta a la esperanza es importante que la persona dedique todos los días un tiempo a imaginar un futuro agradable, pensando en todas las cosas buenas que hará cuando acabe esta emergencia: volver a abrazarse, viajar, ver a los amigos, ir al cine, al teatro, y cualquier otra cosa que pueda evocar fuertes sensaciones de bienestar. Un «viaje» diario fundamental para mantener abierta y viva nuestra perspectiva de futuro y no sucumbir a la angustia del presente. Como expresó admirablemente el neurofisiólogo Fabrizio Benedetti (2018), no debemos olvidar que «la esperanza es un fármaco».

5. La pérdida del futuro

A quien lo ha perdido todo fácilmente
le sucede perderse a sí mismo.
PRIMO LEVI

Hay hechos que caen sobre nuestra vida como la noche y, al igual que la noche, cambian nuestra visión de todo lo que hasta ese momento nos parecía claro. A veces adoptan la dimensión metafórica de un hacha, que desciende inexorable sobre nuestro presente cortando todo hilo de continuidad con el futuro. Experiencias que a veces repentinamente, como un diagnóstico funesto, borran nuestro futuro, que idealmente hasta aquel momento nos empujaba a avanzar y nos motivaba en cada pequeña acción de nuestra vida cotidiana.

Pero hay otras que avanzan en silencio, disfrazadas en ocasiones de oportunidades ventajosas, que lentamente se revelan en todo su esplendor catastrófico.

Ser víctimas y al mismo tiempo autores de un hecho que borra nuestro futuro marca la diferencia. Ser conscientes de ello y no serlo, más aún.

Ser los autores de la propia condena: superar
el sentimiento de culpabilidad

Alberto tenía 45 años cuando vino a vernos y acababa de darse cuenta de que había arruinado su vida. Separado de su mujer como consecuencia de una relación extramatrimonial, había decidido pedir el traslado para estar cerca de su nueva compañera. Fue suficiente un mes en el nuevo trabajo para darse cuenta de que había dejado atrás todo aquello por lo que había estudiado, trabajado y luchado. Ir a trabajar se había vuelto cada día más difícil. El trabajo que ahora realizaba no tenía nada que ver con el anterior. La primera sensación de la mañana al despertar era una fuerte opresión en el pecho, que él llamaba ansiedad, pero que nosotros sabemos que es angustia. Imposible volver atrás, imposible avanzar. Una condena eterna que en su mente resonaba en forma de pregunta: «¿Cómo he podido cometer semejante error?».

Cuando en nuestra percepción de la realidad no vemos soluciones, nos sentimos condenados. No a muerte, en este caso, sino al sufrimiento. En el caso de Alberto, sufrimiento provocado por sentirse responsable de una decisión equivocada. A veces esta angustia alterna con momentos de esperanza, que pueden llevar a la persona a reaccionar en su intento de combatir, o al menos defenderse, de los efectos de lo que ha sucedido. Otras veces es una angustia desesperada que aniquila, la de quien ha perdido toda posibilidad de salvación; una angustia sin solución que hace que la persona ni siquiera intente luchar y que conduce a la rendición depresiva, una rendición dolorosa y cargada de remordimientos y desesperación. Es la angustia de la condena sin concesiones, del cierre a cualquier escenario de posible solución, de quien solo ve la palabra «fin» sin un nuevo comienzo, la más peligrosa. En el mejor de los escenarios abre la puerta a la resignación depresiva; en el peor, al suicidio. De hecho, estos son los casos más delicados y peligrosos, en los que incluso personas aparentemente fuertes y de éxito, frente a la pérdida de su «todo» y no viendo solución, pueden tomar decisiones drásticas. Puede ser una decisión equivocada, como en el caso de Alberto, pero también una traición que no podemos perdonarnos porque ha destruido nuestra pareja, o cualquier otra acción de la que nos sentimos responsables y que creemos que ha arruinado irremediablemente nuestra vida.

En situaciones como estas, las personas abandonan poco a poco cualquier actividad y se repliegan en sí mismas con una visión oscura y catastrófica de su vida. A veces recurren a la queja con la ilusión de «desahogarse», pero el dolor y la angustia no conocen desahogo; es más: el intento de liberarse de esos sentimientos no hace más que intensificarlos. No hay ninguna posibilidad de obtener seguridad, no hay remedio alguno para algo que no parece remediable. Las personas, agotadas por ese peso intolerable, pierden la motivación para hacer cualquier cosa y a menudo buscan refugio en el sueño, en el alcohol o en otras sustancias. El abuso de ansiolíticos, muchas veces prescritos por los médicos de cabecera como primer remedio, o de otras sustancias calmantes es bastante frecuente (poniendo en marcha el peligroso mecanismo de abuso de sustancias que antes hemos descrito).

Alberto no dormía, se pasaba el día rumiando obsesivamente, lloraba y pensaba que no había solución a su desastrosa decisión. «No se puede volver atrás, no hay nada que hacer. Lo he tirado todo por la borda y no hay solución. Todo lo que hago me repugna, cada vez que entro en la oficina pienso en cuánto me gustaba lo que hacía antes y cuán inútil y humillante es lo que hago ahora. Ya no sé quién soy, lo único que he hecho es trabajar y no puedo pensar en haber sido tan estúpido como para no haber evaluado atentamente una decisión como esta, así no puedo seguir, no lo acepto».

El de la pérdida es un dolor profundo y desgarrador, que bloquea el estómago, corta la respiración y hace muy pesada cualquier actividad. Un dolor semejante al duelo, pero más inaceptable aún por la imposibilidad de percibir una realidad más allá de la pérdida. Y junto al dolor una rabia silenciosa, la de quien rumia a diario sin querer, culpándose de haber provocado el fin de algo esencial. La rabia de quien se ve obligado a contemplar continuamente los frutos de su desastrosa decisión, de quien habría podido prever pero no lo hizo y ya no puede remediar el error fatal que ha cometido.

En el caso de Alberto, no hay ningún hecho catastrófico, ningún *shock* repentino, ninguna herida infligida sorpresivamente, como sería propio de un concepto clásico de «trauma», sino una decisión, seguida de una decepción, que introduce en la percepción de la realidad del paciente una reacción en cadena: una decepción tras otra lo lleva al punto de saturación, luego al hundimiento. Un telón sobre el futuro que se cierra de forma acelerada, pero no imprevista.

El trabajo con Alberto empezó, como conviene en estos casos, dejando tiempo para los silencios y las manifestaciones espontáneas, redefiniendo estas últimas de modo que pudiese sentirse comprendido, pero sobre todo ayudándole a entender qué estaba sucediendo en realidad. Es importante en estos casos que el paciente comprenda qué está sucediendo en su interior.

«Antes, Alberto, has dicho que tenías ansiedad; lo que sientes no es ansiedad, es angustia. A menudo las confundimos porque a veces tienen características comunes, pero en realidad son emociones diferentes. Lo que tú estás percibiendo es un escenario sin escapatoria, crees que no hay salida, y la ansiedad no tiene cabida en un escenario de este tipo. Al principio, cuando te diste cuenta de que habías tomado una decisión equivocada, sentiste ansiedad y te pusiste a buscar una solución; pero cuando viste que era imposible volver atrás, la ansiedad se transformó en angustia. La ansiedad activa, alerta, pero si no encuentra perspectivas de salvación se transforma en angustia. Ahora te sientes oprimido, aplastado e incapaz de reaccionar: estás angustiado. Como un general que se da cuenta de que ha cometido un terrible error estratégico e intenta luchar desesperadamente para enmendarlo, pero luego comprueba abatido que la guerra está perdida sin remedio y que la única opción es la rendición».

Es indispensable redefinir la situación; en primer lugar, para sintonizarse con su percepción de condena y hacerle entender que hemos comprendido cómo se siente; en segundo lugar, nos permite abrir el camino a la intervención orientada principalmente a la gestión de la angustia que, como hemos anticipado, exige estrategias distintas a las utilizadas para la ansiedad.

La angustia llenaba por completo la jornada de Alberto, que seguía lamentándose con su compañera, cuyos esfuerzos por tranquilizarlo no hacían más que incrementar lo que pretendían reducir. Así que lo primero que hicimos fue darle a entender que hablar continuamente de la angustia no solo no servía para desahogarse, sino que aumentaba cada vez más su intensidad: es como regar una planta con un fertilizante especial que la hace crecer más. A esta reestructuración, que se ajustaba plenamente a la vivencia de Alberto, le siguió la prescripción del *púlpito vespertino*, que ya vimos en el capítulo anterior. Todos los días, antes de cenar, debería dedicar media hora a compartir su malestar con su compañera, pero las restantes veintitrés horas y media tenía que evitar hablar con ella o con otra persona *(conjuración del silencio)*. Obviamente, la compañera debería escuchar en silencio absoluto, sin dar ninguna respuesta o seguridad.

En un caso como este habría sido no solo inútil, sino incluso contraproducente pedirle que evitara hablar completamente de su malestar. La intensa angustia que experimentaba no le habría permitido lograrlo, y la indicación habría acabado aumentando su frustración y su sensación de fracaso.

En la siguiente visita Alberto parecía más reactivo: la angustia, que había ocupado su media hora de púlpito los primeros días de ejecución del deber, había dado paso gradualmente a una intensa rabia por el error cometido. Los últimos días había ido reduciendo sus desahogos con su compañera, pero seguía envenenando sus días con una rumiación rabiosa. Tras haber redefinido de forma positiva esta evolución emocional, subrayando que la rabia —a diferencia de la angustia— no solo es una reacción sana, sino también funcional si está bien gestionada y orientada, empezamos a ayudar a Alberto a hacerla fluir hasta dejarla en la «dosis justa».

Para ello utilizamos la técnica llamada *epistolario de la rabia* (Nardone, Balbi, 2008; Nardone, 2019), que utiliza una vez más el poder terapéutico de la escritura. Le pedimos a Alberto que todos los días buscara un momento para coger papel y pluma y escribir una carta dirigida a sí mismo, en la que debía volcar toda la rabia que sentía, dando libre curso a todos los pensamientos, insultos, todo lo que creía que debía decirse. Una vez escrita la carta, tenía que meterla en un sobre sin releerla (para evitar «reintoxicarse» de la rabia que acaba de descargar en el papel) y entregarla al terapeuta en la siguiente sesión. Tenía que continuar con este deber hasta sentirse completamente liberado del veneno de la rabia.

Esta maniobra permite canalizar la rabia de forma muy eficaz y dejarla fluir bastante rápidamente, haciendo que aparezca, si es que existe, la emoción subyacente. En el caso de Alberto, como ocurre siempre cuando se habla de sentimiento de culpabilidad, el dolor por todo lo que había perdido debido a su decisión equivocada era intenso. De modo que no era ya un Alberto angustiado ni enfadado el que nos entregaba las cartas, sino un Alberto afligido y en «duelo» profundo por lo que había ocurrido. Redefinimos este efecto como otro paso importante, subrayando que, a diferencia de la rabia, el dolor no puede ser «desahogado» rápidamente, sino que, como un túnel oscuro, debe ser atravesado lentamente hasta salir de él.

Para ayudarle en esto utilizamos una técnica que habíamos denominado evocadoramente *crónica de los desastres realizados* (Nardone, Balbi, 2008; Cagnoni, Milanese, 2009; Milanese, 2020; Nardone, Cagnoni, Milanese, 2021). Todos los días debería poner por escrito y detalladamente todos los desastres cometidos, sumergiéndose completamente en ellos y evocando todas las emociones relacionadas. Debería hacerlo como si estuviese escribiendo una crónica o una novela, desde el presente hacia el pasado y sin releer nunca lo escrito. Al acabar, debería entregarnos todo lo escrito. Insistimos en que, al igual que no podemos elaborar un dolor sin vivirlo plenamente, tampoco podemos elaborar un remordimiento, o una serie de desastres cometidos, sin contemplarlos dolorosamente. De modo que la persona deberá sentarse todos los días sobre los escombros de sus propios desastres y contemplarlos describiéndolos uno por uno.

El efecto de esta indicación es doble. Ante todo, el hecho de repasar los desastres del pasado obliga a la persona a enfrentarse a sus propias responsabilidades reales, aceptándolas como parte inevitable de su historia y modificando lentamente la sensación dolorosa que, a fuerza de ser revivida y contemplada, se va atenuando poco a poco. En segundo lugar puede ocurrir que, obligada a contemplar lo que parecían ser horribles escombros, la persona descubra que las culpas con las que se atormentaba no han sido del todo suyas o tal vez no son tan graves como las percibía antes. En ambos casos, la herida de la culpa se va reelaborando hasta transformarse en cicatriz.

Una vez liberado el campo de los escombros de las culpas, el trabajo se concentró en la reconstrucción de un nuevo futuro, cosa que Alberto consiguió hacer con gran esfuerzo. Por otra parte, como reza un bello aforismo de Shakespeare: «No hay noche, por larga que sea, que no encuentre el día».

A veces la pérdida del futuro no es consecuencia de algo que hemos hecho, sino de algo que nos ha ocurrido a pesar nuestro. Es el caso de Elisabetta, de 28 años, que perdió inesperadamente a su madre a causa de la COVID-19. Han pasado seis meses y Elisabetta no solo siente intensamente el dolor de la pérdida, un duelo sano y fisiológico, sino que está paralizada por la angustia de no ser capaz de seguir con su vida sin la madre, que siempre fue su único punto de referencia. La madre era la persona en la que confiaba, la que la aconsejaba en todo y a la que Elisabetta, que se declara frágil e insegura, recurría ante cualquier dificultad. La muerte de la madre ha coincidido además con un cambio profesional, un paso muy delicado para ella teniendo en cuenta su inseguridad. En el nuevo trabajo han sido muy comprensivos ante la pérdida sufrida y le han dado un mes entero de permiso, pero desde que ha vuelto Elisabetta vive en un estado de angustia terrible que hace que le resulte muy penoso cumplir con la jornada laboral. No consigue dormir bien, vive con una constante opresión en el pecho y, sobre todo, está empezando a cometer pequeños errores debido a su escasa lucidez mental. «No me veo capaz, sin mi madre no lo conseguiré, mi vida está acabada» es la frase que repite constantemente.

El caso de Elisabetta nos permite analizar otra maniobra importante que se utiliza para intervenir en la angustia e impedir que esta penetre continuamente en la vida diaria y acabe transformándose también en una pérfida profecía que se autocumple: la que hemos definido *contenedor de la angustia*. Todas las mañanas, al despertar, la persona ha de sumergirse voluntariamente en sus propias angustias durante un tiempo definido (generalmente media hora), poniendo por escrito todo lo catastrófico y angustioso que podría sucederle en la vida. Deberá evocar y poner por escrito todos los desastres a los que se siente condenada, todo lo que cree que sucederá inevitablemente. Una vez haya acabado, deberá doblar el papel y evitar releerlo, abandonando en él sus angustias y afrontando la jornada. Esta maniobra, como el nombre sugiere, sirve sobre todo para contener la presión invasiva de la angustia en el espacio matutino, liberando así el resto de la jornada y proporcionando a la persona un poco de alivio. Poco a poco, la repetición diaria de la tarea prescrita conduce a una reducción gradual de la angustia, gracias también a que la persona, cada vez más libre de esta terrible sensación, tiene la posibilidad de redescubrir sus propios recursos.

Una vez desbloqueada la angustia, será posible llevar a cabo el trabajo de reconstrucción del futuro, cosa que antes no hubiera sido posible debido a los fuertes efectos invalidantes no solo emocionales, sino también físicos, derivados de aquella.

La reapertura del escenario futuro podrá producirse de manera gradual, *step by step*, o bien en virtud de un cambio exponencial «de efecto avalancha» (Nardone, Balbi, 2008). En el primer caso, el terapeuta guiará al paciente a introducir muchos pequeños cambios graduales, hasta conducirlo a la consecución del objetivo deseado. Según palabras de uno de nuestros maestros, John Weakland, «Cada cosa conduce a otra cosa que conduce a otra cosa... si te concentras en hacer la más pequeña y luego la siguiente y así sucesivamente, habrás hecho grandes cosas habiendo hecho solo pequeñas cosas» (Weakland, Fisch, Watzlawick, Bodin, 1974). Esto es lo que le ocurrió a Elisabetta, a la que acompañamos a construir por primera vez la confianza en sus propios recursos y a adquirir un sentido de autonomía, y que llegó a descubrir que era capaz de vivir su vida pese a la dolorosa ausencia de su madre. En el segundo caso, los pequeños cambios que se induce al paciente a introducir acaban produciendo una reacción en cadena, que llevará rápidamente a la consecución del escenario final deseado. Se trata de esos casos en los que el trabajo terapéutico requiere «desbloquear» mecanismos emocionales que imposibilitan la visión del futuro, pero una vez hecho esto no es necesario trabajar en cada uno de los nuevos aprendizajes, como en el caso de Elisabetta, porque la persona ya posee todos los recursos necesarios para avanzar hacia su propio futuro.

En ambos casos, en el delicado y tortuoso camino hacia el nuevo escenario podrán reaparecer recuerdos nostálgicos, que si bien al principio pueden parecer dolorosos —hasta el punto de tener la tentación de rechazarlos— son extremadamente importantes, porque forman parte de nuestra historia vital. En realidad, en la nostalgia, junto al dolor de la pérdida, está presente el placer del recuerdo y gracias también a esta emoción primaria la pérdida se elabora gradualmente. Un aspecto muy importante, por ejemplo, siempre que se interviene para ayudar a una persona a elaborar un duelo, para que pueda «conservar dentro de sí» el recuerdo de quien ya no está pero siempre formará parte de ella.

Ser los autores de la propia condena y no saberlo

Como afirmaba Bertrand Russell ingeniosamente, «cuando una persona cree o siente que algo es verdad, independientemente de que lo sea o no, actuará como si lo fuese». Descripción perfecta de la denominada «profecía que se autocumple» (Watzlawick, 1981), en que es precisamente el hecho de actuar «como si» algo fuera cierto lo que determina su realización. Es la típica situación de quien siente que será rechazado y se cierra de tal modo que efectivamente mantiene a todo el mundo a distancia, o de quien siente que los demás lo abandonarán y se comporta con tal desconfianza y agresividad que hace que los demás efectivamente acaben alejándose. La persona, como un nuevo Edipo, percibe que está condenada a vivir algo terrible, intenta huir como puede y acaba condenándose con sus propias manos. Como sostuvo el filósofo John Locke, a menudo aquellos a los que consideramos locos son personas que «partiendo de premisas equivocadas y usando una lógica correcta y rigurosa llegan a conclusiones erróneas».

Basta, pues, partir de una creencia equivocada para obtener los resultados más desastrosos. Creencia que construimos, a menudo inconscientemente, a través de nuestras experiencias. Pero, a diferencia de lo que comúnmente se cree, no hace falta que sea una experiencia violenta, traumática o especialmente dolorosa; basta que sea suficientemente perturbadora para introducir en nosotros una nueva percepción de la realidad. Puede tratarse incluso solo de una duda («temo/siento»), que al extremarse progresivamente se transforma en certeza («creo/estoy convencido»), hasta convertirse en una condena («forzosamente ha de ser así»). Una experiencia aparentemente banal, a la que tal vez ni siquiera prestamos mucha atención a nivel consciente, pero que nos afecta emocionalmente y se insinúa transformándose de grano de arena en majestuosa catedral. A veces es algo que al principio nos ha turbado mucho, pero que creemos haber archivado, cuando en realidad hemos archivado solo el recuerdo pero hemos conservado la creencia, que actuará insidiosamente sin darnos cuenta.

Es el caso de Alessandro, que no se cree que ha conseguido casarse con una mujer «demasiado hermosa y demasiado inteligente» para él, cosa que todos sus amigos seguían diciéndole en broma incluso el día de su boda. Un golpe de suerte tan inesperado que le suscitaba la terrible duda: «¿qué ocurrirá cuando se dé cuenta de que no estoy a su altura?». La duda dura un instante, pero las consecuencias actuarán solapadamente durante el resto de su historia. Por otra parte, el propio san Agustín nos muestra que al fin y al cabo la duda es la expresión de una verdad, que si no existiera no me permitiría dudar.

De modo que Alessandro veía en cualquier amistad masculina de su mujer a su futuro amante, en cada pequeña desatención de la esposa la prueba del deterioro de su amor. La acusaba de no amarle lo suficiente y de tener las pruebas de ello. Pruebas aplastantes, como el tiempo que pasaba con el móvil en vez de en su compañía, el deseo de estar guapa para los demás cada vez que salían con amigos. Además, había dejado de solicitarla sexualmente, convencido de que ella lo rechazaría de todos modos.

Acudió a nosotros cuando el desastre estaba casi consumado, asustado porque estaba a punto de perder a su mujer, agotada ya, pero convencido aún de que las premisas de esta «tragedia anunciada» estaban ahí desde el principio, debido a la enorme diferencia existente entre ellos. La mujer había intentado tranquilizarlo de todas las maneras posibles, pero esto había acabado incrementando aún más la convicción patológica del hombre. Alessandro vivía en una realidad impregnada de dolor, ese dolor de quien siente que lo que teme se está produciendo inevitablemente. Y cuanto más intentaba huir de aquella terrible realidad inconscientemente creada por él mismo, tanto más la alimentaba y transformaba su pequeño grano de arena en catedral.

Frente a este tipo de situaciones hay que bloquear, ante todo, la espiral vertiginosa de autodestrucción en que está metida la persona sin ser consciente de ello. Para lograrlo podemos pedirle que todas las mañanas se plantee una pregunta: «Si quisiera que mi mujer me dejara, si quisiera estar seguro de hacer que se acabe esta historia y ser abandonado, ¿qué podría hacer o dejar de hacer?». Se trata de una variante de la técnica de *cómo empeorar* (Nardone, 1998, 2009; Nardone, Salvini, 2013), adaptada en su contenido para que apunte directamente al miedo mayor y a la probabilidad de que se produzca, precisamente gracias a los esfuerzos hechos para defenderse de él.

Las respuestas parecen obvias: debería seguir haciendo exactamente lo que hace. Sintonizarse todas las mañanas con la realización de su peor realidad y poner por escrito su propio «plan de destrucción» le hará darse cuenta de hasta qué punto hace tiempo que este plan ya se está cumpliendo, abriendo así una realidad perceptiva distinta en la que deberemos adentrarnos con las posteriores maniobras terapéuticas, una importante primera experiencia emocional correctiva a la que deberán seguir otras. Abrir una brecha no es suficiente: el condenado necesita también empezar a percibir la posibilidad de que la condena no se cumpla. La mera conciencia de ser el autor de su propia ruina le sitúa seguramente en posición de contenerse respecto a determinadas reacciones, pero no basta para mitigar el dolor de su propia convicción.

Sin negar su percepción de la realidad, sino aceptándola incluso como razonable, pedimos a Alessandro que lleve a cabo una pequeña investigación precisamente para valorar si la condena ha de ser considerada definitiva o no. Todos los días deberá buscar todos los signos que le permitan concluir que su mujer quiere dejarle. Ahora bien —es importante subrayarlo— deberán ser signos objetivos e inequívocos; si los encuentra, deberá anotarlos en una libreta y traérnoslos para valorarlos juntos.

Esta prescripción, conocida como *búsqueda de la prueba contradictoria* (Nardone, Balbi, 2008; Nardone, 2020a) permite invertir completamente la relación entre el sujeto y las propias percepciones. Aparentemente secunda la visión patológica, pero cuando se aplica provoca su desmantelamiento, porque cuanto más busca la persona los signos objetivos e inequívocos, más encuentra lo contrario. De hecho, tener que buscar signos la obliga a modificar su postura ante los demás: de desconfiada y a la defensiva pasa a ser más abierta al contacto, y empieza a invertir el sentido de la profecía negativa. Incluso si encontrara pequeños signos, el hecho de tener que clasificarlos como «objetivos e inequívocos» hace que la persona compruebe que no lo son, cosa que contribuye gradualmente a distanciarla cada vez más de la percepción errónea de la realidad.

Y esto es justamente lo que le ocurrió a Alessandro: al evitar cada vez mejor las conductas destructivas, fue modificando también gradualmente su propia percepción del comportamiento de su mujer que, gracias a estos cambios, volvió a acercarse a él. Un círculo virtuoso que condujo a la subversión total de la condena y a la recuperación de una vida de pareja finalmente libre y serena.

Cuando la condena se oculta en el pasado

Hay casos en los que la incapacidad de construirse el futuro tiene sus raíces en una realidad vivida en el pasado y cuya potencia destructiva tal vez ignoramos. Experiencias que creemos haber elaborado, ya que no sentimos ni rabia ni dolor al recordarlas, pero que a veces pueden dejar una marca indeleble y hacernos sentir eternamente condenados a revivir algo que ya vivimos en el pasado sin poder remediarlo.

Ser rechazados por las personas que amamos y por las que querríamos ser amados es uno de los dolores más grandes que podemos sentir. Si además este dolor lo sufrimos de pequeños y es provocado por figuras de referencia, esta experiencia puede arrastrarse a lo largo de toda la vida e influir en ella gravemente.

Darío acude a nuestra consulta abatido por una situación que parece padecer desde siempre. Tiene una buena posición laboral y una familia, pero sufre terriblemente por lo que sus familiares llaman «victimismo». No se siente escuchado ni comprendido, vive en un estado de profunda y constante tristeza, un dolor que es renovado a diario por pequeños gestos, aparentemente banales, que le traspasan el corazón como cuchillas. «Tiene reacciones exageradas», afirma su mujer, «un hombre adulto no puede desconectar y retirarse a su habitación como un niño si cuando habla no le escuchamos como desearía». Exactamente así: a Darío le basta ver una pequeña muestra de desatención, un simple signo de disconformidad o de descalificación para paralizarse, como traspasado de dolor. Un dolor que llega de repente, como un puñetazo en el estómago, y lo deja sin aliento y sin fuerzas; un dolor que le quita toda la energía, le apaga el cerebro y lo arroja a un abismo oscuro, pero conocido. Es el abismo en el que vive Darío desde que era niño, siempre que percibe que es tratado con indiferencia. Cuando se encuentra en este estado no puede hacer otra cosa que sentir ese mal y empezar a rumiar, preguntándose por qué le tiene que pasar a él, qué debería hacer para cambiar la situación, para sentirse considerado, y llega a la conclusión de que en el fondo es mejor estar solo y aislado: al menos no se sufre. De modo que Darío, desde la adolescencia, empezó a romper todas sus relaciones significativas en el momento en que empezaba a sentir que no era suficientemente importante para la otra persona. Novias, amigos, colegas y parientes. El único con el que nunca ha «cortado» es el padre: un padre al que siempre trata de complacer como sea, con la esperanza de que finalmente se dé cuenta de que tiene un hijo. El padre lo entregó a unos tíos cuando su madre murió de cáncer. Un dolor terrible para el niño, que tuvo que elaborar el duelo de su madre y en parte el de su padre, al que había intentado desesperadamente complacer, aunque, según dice, sin conseguirlo nunca.

Darío afirma que hace tiempo que lo había superado, que no sentía ningún rencor hacia el padre, que hizo todo lo que pudo, pero es consciente de que experimenta un dolor anormal todavía hoy, a sus casi 50 años, cada vez que su padre lo trata con condescendencia.

Hay heridas del pasado que marcan de modo irremediable, en el mejor de los casos con una cicatriz, signo de que la herida está completamente sanada; y hay heridas que nunca cicatrizan del todo y sangran de manera periódica. Ocurre a menudo que las personas que han sido víctimas de sucesos dolorosos, a veces microtraumas vividos durante la infancia o la adolescencia, aunque ya no piensen en lo sucedido o en los actores implicados, sigan «sintiendo» el mismo dolor cada vez que viven experiencias semejantes, que tienen el poder de evocar el mismo tipo de emociones. Pueden ser episodios de violencia (haber sido golpeados, humillados, ofendidos), pero también de burlas por parte de compañeros o de abandono o rechazo por parte de personas significativas. En todos estos casos es frecuente que la persona no remita al pasado el problema que está viviendo en el presente, aunque lo vuelva a sufrir a diario. Más allá de su convicción racional, sigue siendo víctima de la percepción de que todo está destinado a repetirse, como en una especie de *karma* del que no es posible escapar; una condena que cumple escrupulosamente sin darse cuenta, convencida de estar en cierto modo predestinada y, por tanto, derrotada ya de entrada. Como en la historia del prisionero de Kafka que, cuando ve que instalan una horca en el patio de la cárcel en la que está encerrado, se convence de que la horca le está destinada y una noche, aterrorizado, consigue escapar de la celda, corre al patio y se ahorca él mismo.

Esto es lo que le sucedió a Darío, que había pavimentado su vida con derrotas, cortando toda relación por considerarla dolorosa, desigual, injusta y decepcionante. Bastaba una cita anulada inesperadamente, la falta de puntualidad de un amigo tardón, una mujer distraída con los hijos, un colega poco interesado en sus palabras: pequeñas señales, grandes confirmaciones, profundo dolor. Siempre la misma secuencia. Gestos a los que todos quitaban importancia, cuyo alcance catastrófico nadie comprendía. Incluso el psicólogo al que había visitado anteriormente le había hecho observar hasta qué punto sus reacciones eran excesivas, y esto había aumentado su convicción de que ya había poco que hacer.

No era difícil ver que la parte de historia que Darío guardaba en su interior dolorosamente, y que creía haber superado del todo, exigía una elaboración no solo cognitiva, sino sobre todo emocional.

Cuando nos encontramos ante situaciones como estas, para posibilitar una elaboración definitiva del pasado y ayudar a la persona a dar un sentido lógico a su historia, utilizamos un deber especial: la *novela criminal* (Muriana, Pettenò, Verbitz, 2006; Nardone, Balbi, 2008; Milanese, 2020). Pedimos a la persona que todos los días escriba, partiendo del presente y retrocediendo hacia el pasado, todas las experiencias dolorosas que ha vivido, todas las burlas o los abandonos, todo lo que ha sufrido y que todavía lleva consigo como una especie de «marca grabada a fuego». Todos los días deberá añadir un trozo a su novela; una vez acabada, entregará el escrito al terapeuta, obviamente sin haberlo releído. El objetivo de esta tarea es doble: por un lado se empieza a dar un sentido lógico a su historia dolorosa y, por consiguiente, a su problema del presente. Por esta razón, es importante que la narración se haga partiendo del presente y no del pasado, lo que permite a la persona percibir que la situación actual no es más que la consecuencia fisiológica de su propia historia de vida. Volver a dar una trama congruente a la narración biográfica permite dar un sentido a lo que se está viviendo, y avanzar más allá. En segundo lugar, como ya hemos subrayado, escribir narrando permite restituir los recuerdos al pasado, evitando que invadan el presente en forma de emociones y percepciones disfuncionales. De hecho, la persona que ha vivido una historia hecha de sufrimientos a menudo intenta rechazarla, arrinconarla o minimizarla, con la ilusión de que esto le permita olvidarla de algún modo: es como guardar el polvo debajo de la alfombra, que nos hace creer que todo está en orden, hasta que alguna cosa nos obliga a sacarlo a la luz. La maniobra exige, en cambio, sumergirse en el dolor: tener que recordar los «crímenes» sufridos obliga a mirarlos de cerca, sin posibilidad de escape, hasta metabolizarlos como parte integrante de nuestra historia y librarnos de ellos. Una lógica paradójica por la que de nuevo para salir de un túnel hay que atravesarlo.

Y así Darío descubrió cuánto dolor le seguían causando sus experiencias de niño abandonado, cuántas lágrimas debía derramar aún, pero también hasta qué punto recordar su triste historia era liberador y le permitía finalmente comprender el porqué de su extrema sensibilidad.

Aunque el dolor había disminuido, Darío seguía viviendo con la sutil angustia de que durante el día pudiese ocurrir algo que lo precipitara de nuevo en el abismo del sufrimiento, cosa que sucedía puntualmente, aunque con una intensidad y frecuencia decididamente menores que antes. De modo que empezamos a trabajar en la dimensión del presente, utilizando la maniobra de las *profecías catastróficas* (Nardone, 2014a; Muriana, Verbitz, 2017), sumamente eficaz si se aplica a las personas que, como la profetisa de la antigua Grecia, Casandra, predicen siempre desgracias. Personas que, en el mejor de los casos, viven inmersas en una angustia constante y, en el peor, acaban realizando justamente aquello que temen.

Todas las mañanas la persona ha de prever las «catástrofes» que podrían ocurrir aquel día y escribirlas detalladamente en un papel, junto con todas las sensaciones que experimenta y todas las angustias más opresivas. En el caso de Darío, todo lo que podría provocarle el dolor intenso que tan bien conocía. Solo al acabar el día, debería comprobar qué profecías se habían cumplido y cuáles no.

De este modo Darío descubrió que no solo la mayor parte de lo que temía no se producía, sino que cuando ocurría algo, el hecho de haberlo previsto había mitigado claramente su reacción dolorosa, que en algunos casos ni siquiera se había producido.

Describir detalladamente las propias angustias permite a la persona alejarse emocionalmente de ellas de forma gradual, justamente porque acepta su inexorabilidad y, al mismo tiempo, concentra en la mañana todas las emociones negativas, dejando así libre el resto del día. Por último, el hecho de comprobar por la noche qué ha ocurrido realmente acaba desmontando definitivamente el mecanismo del pensamiento catastrófico. En la mayor parte de los casos, como en el de Darío, son pocas las profecías que se cumplen, confirmando que la anticipación reduce la angustia y con esta la probabilidad de que se produzca lo que se teme.

Y así, partiendo de la reconstrucción de la trama de su vida, poco a poco Darío empezó a escribir nuevos capítulos de su novela, capítulos finalmente libres del peso de un pasado con el que no tenía sentido seguir cargando.

No ser autores de la propia condena pero llegar a serlo

El diagnóstico de VIH positivo lo recibió a los 17 años. «Un regalo de mi primer y único novio» había subrayado Ángela. Cuando llegó a nuestra consulta tenía ya 25, y desde entonces no había permitido que se le acercara ningún hombre.

Un diagnóstico que como un estruendo en medio de la nada le había anunciado el fin de su vida y le había hecho comprender «que ya no le esperaba nada bueno», solo dolor y tal vez incluso la muerte. Sin embargo, la mujer no había acudido a nosotros por miedo a la muerte, ya que sabía que gracias a las nuevas terapias podría vivir muchos años sin grandes efectos colaterales, y precisamente por esto no podía tolerar seguir viviendo como en los últimos siete horribles años. Años de estar pensando con rabia en el novio, que habían desembocado recientemente en ansias de venganza. La rabia había dominado incluso sobre el miedo a la muerte, cosa frecuente en los casos en que la sentencia de condena llega repentinamente desde arriba y se vive como algo por completo injusto e inmerecido. La rabia corroe como un veneno y la venganza (fuente de inmediato placer para la mente) se convierte en el suero que, aparentemente, alivia el sufrimiento. Pero había ido demasiado lejos, según decía, y había empezado incluso a esperar que algo malo sucediese a la familia de aquel muchacho (que mientras tanto había rehecho «injustamente» su vida) y estaba profundamente avergonzada.

Rabia (lícita y obvia), deseo de venganza (utilizada como morfina para no sufrir demasiado), envidia (el dolor de lo que no podré tener nunca y que los otros tienen) y, por último, vergüenza (por haberse convertido en lo que nunca habría querido ser). Un círculo que nace del dolor y se cierra con el dolor, pero pasa a través de distintas emociones, como le ocurre a menudo a quien está encerrado en un presente que, como un disco rayado, empieza de nuevo una y otra vez.

Además de trabajar sobre la rabia mediante el epistolario del que ya hemos hablado, en casos como este se actúa siguiendo la lógica de la antigua estratagema china *matar a la serpiente con su propio veneno* (Nardone, 2003b). Le pedimos a la mujer que elaborara diariamente por escrito todos los planes de venganza que desearía poner en práctica contra su exnovio. Todos los días debía pensar uno nuevo y describirlo detalladamente en todos sus pasos. Un auténtico guion que va del proyecto hasta el epílogo deseado.

Esta maniobra permite concederse el placer de la venganza sin sentir vergüenza, pero al mismo tiempo desmonta gradualmente el placer que, precisamente porque ha sido prescrito y es voluntario, ya no es tan turbador y agradable. La venganza pierde así toda su fascinación, la rabia fluye y da paso al dolor, que surge con todo su terrible esplendor.

En este momento es cuando se empieza a trabajar en lo que queda, a menudo solo escombros que hay que quitar. A veces aparece un dolor antiguo, nunca sentido plenamente y, por tanto, nunca elaborado; a veces, en cambio, surge una fuerte angustia ante la idea de tener que continuar viviendo con un secreto inconfesable. Hay experiencias traumáticas que, además del dolor, dejan una marca imborrable de la que no se querría hablar nunca: la vergüenza.

Avergonzarse de algo de lo que no se tiene culpa no es menos invalidante que avergonzarse de algo de lo que nos sentimos responsables. Esta emoción invasora conduce en ambos casos al deseo de no ser vistos. Desaparecer, esconderse, convertirse en invisibles parece ser el único antídoto para no «sentir» el mal de la propia vergüenza. Por esto Ángela no había dejado que nadie se le acercara: por miedo a que los otros vieran lo que ella misma nunca había querido ser, una «apestada», según sus palabras. Era como si caminase sobre una cuerda floja entre el deseo de ser amada y el miedo a que los otros pudiesen ver en ella esta terrible realidad y la pudiesen juzgar y rechazar por esto. Una situación muy delicada, que requiere un acompañamiento muy atento por parte del terapeuta. Este valiente viaje de reapertura y confianza en el prójimo había de hacerse con respeto total a los tiempos de la persona, guiándola a dar solo los pasos que en ese momento se sentía capaz de dar, sin forzar ni empujar. Y, paralelamente, ayudándola a gestionar el miedo a ser juzgada y rechazada, a fin de no activar una terrible profecía que diera cumplimiento a su condena, como en algunos casos antes descritos.

Ángela se dejó acompañar valientemente a lo largo de todo este recorrido, con confianza y determinación. Encontró un compañero maravilloso y hoy vive su presente con serenidad. El pasado no es más que un lejano recuerdo y tiene delante el futuro que la espera.

«Ya no quiero las estrellas: apagadlas; envolved la luna, desmantelad el sol; vaciad el océano y arrancad el bosque; porque ahora ya nada me sirve de nada». El final de este hermosísimo poema de W.H. Auden representa admirablemente la vivencia de quien ha perdido para siempre a una persona amada. Aunque el dolor puede ser producido por experiencias distintas y caracterizar escenarios diversos, la pérdida de una persona es una de las formas de dolor más agudo que se puede sentir en la vida.

Todos, antes o después, lloraremos (luto, del latín *lugere*, llorar) la pérdida de alguien: este aspecto doloroso de la vida nos iguala a todos. La capacidad de elaborar una pérdida está en la base de nuestras competencias emocionales y forma parte de un proceso que todos los seres humanos hemos de afrontar. Desde este punto de vista, el duelo es un proceso «fisiológico» y transcurre en distintas fases, que todos nosotros atravesamos con nuestros modos y tiempos (Kübler Ross, 1969). Y cada duelo, justamente como una herida, tiene su tiempo de «curación», que varía según su profundidad, el lugar y modo en que ha sido infligida y toda una serie de características que pueden hacer más o menos lento el proceso de cicatrización. Ahora bien, como es una «herida», también puede infectarse y dar lugar a lo que se ha llamado «duelo complicado». Lo que distingue las dos clases de duelo no es la sucesión de las fases, sino el hecho de que en el duelo complicado el sujeto se bloquea en un punto determinado y no permite la elaboración completa del dolor y de la pérdida. Se trata de duelos «no resueltos», en los que las sensaciones fuertes provocadas por la pérdida, en vez de producir cambios, evoluciones y movimientos (que, aunque dolorosos, son la base de una sana elaboración de la pérdida), llegan a paralizar el proceso.

En la base de una sana elaboración del duelo siempre hay una valiente capacidad de afrontar el dolor de la pérdida. Un dolor inmenso no puede volverse menos intenso por nada, excepto por la capacidad de vivirlo plenamente en el tiempo. Por este motivo, concederse *espacios dedicados al dolor* en los que sumergirse, dejándose llevar emocionalmente por el desgarro de la pérdida, se convierte en una maniobra terapéutica útil y valiosa que hay que utilizar incluso en los casos de luto fisiológico, para facilitar el proceso normal de elaboración. Se trata de procurarse un espacio diario en el que hundirse en el dolor, tocar fondo y emerger de nuevo, para dedicarse luego a las actividades diarias habituales. Este momento, de por sí inevitable, si se hace voluntariamente, hará que el dolor aparezca menos violento y más «controlable» y, al mismo tiempo, evitará que se activen estrategias insidiosas (e inconscientes) de evitación del dolor, que a menudo son la base de complicaciones en este delicado proceso.

Cuando el proceso de elaboración esté más adelantado, este espacio diurno diario podrá dar paso a una maniobra llamada *galería de los recuerdos* (Nardone, 1998; Milanese, Mordazzi, 2007; Cagnoni, Milanese, 2009). Mediante esta tarea pedimos al paciente que, cada noche, antes de dormirse en su cama, evoque imágenes agradables de él en compañía de la persona desaparecida, como si fueran fotografías que hay que enmarcar y colocar en el álbum de los recuerdos. Una vez construida en la mente esta especie de galería de recuerdos, tendrá que visitarla cada noche antes de dormir.

Este tipo de maniobra no es adecuada para los casos de duelo reciente, porque el dolor demasiado intenso requiere momentos concretos durante el día para ser contenido y valientemente vivido. Solo en un segundo tiempo, cuando la herida es menos reciente y tiende ya a la curación, la galería de los recuerdos ayudará a remitir a la noche el momento triste y doloroso, inevitable aún, pero más contenible. La dosis de dolor presente en la evocación nocturna y el placer del recuerdo ayudarán a la transformación paulatina del dolor en nostalgia melancólica. Como expresa el bello aforismo de san Agustín: «Nadie muere en la tierra mientras permanece vivo en el corazón de quien se queda».

Sin embargo, hay situaciones en las que otras emociones arrolladoras obstaculizan la capacidad de concederse este dolor inevitable. Tratar el duelo complicado significa saber distinguir el punto en que hay que intervenir para poder favorecer el inicio de la elaboración del proceso.

Tomemos como ejemplo un caso de luto amoroso, en el que la emoción dominante en quien ha sido abandonado es la rabia. Esta emoción puede llegar a ser tan violenta que oculte por completo la percepción del sufrimiento. La persona abandonada puede aparecer tan enfadada que ni siquiera parezca disgustada, o que lo está solo a ratos. En una dinámica de rumiación rabiosa de esta magnitud no cabe ningún tipo de elaboración luctuosa, precisamente porque la rabia impide ser consciente de la pérdida y vivir la parte dolorosa. El *epistolario de la rabia* (que hemos visto anteriormente) podrá ser de ayuda para abrir un espacio al dolor. Una vez que salga la rabia, surgirá esta parte emocional que la persona deberá aprender a concederse.

Imaginemos, en cambio, los casos en los que la desaparición de una persona deja cuestiones sin resolver o remordimientos. El sentimiento de culpabilidad se convierte en un resorte fundamental en el que hunden sus raíces muchos lutos complicados. Es difícil dejar ir a alguien con quien se tienen cuentas pendientes. Precisamente la anulación de este estado de suspensión permitirá que el proceso de elaboración del duelo se realice fisiológicamente, y crear un canal de comunicación con la persona desaparecida se convierte en un instrumento terapéutico fundamental. En este caso también nos ayuda la escritura: hacer escribir *cartas al difunto* a fin de expiar las culpas, decir lo que no se había tenido el valor de decir, hacer que surjan los remordimientos u ofrecer excusas podrá servir para abrirse paso entre los propios escombros emocionales y dejar el campo libre al dolor: el sano e inevitable.

A veces la incapacidad para afrontar una pérdida conduce a comportamientos que con el tiempo pueden convertirse en auténticos trastornos. Vemos cómo se producen exasperados intentos de distraerse de manera forzada, dedicando los días a una intensa actividad y creando así un círculo vicioso en el que el miedo a no tener nada que hacer se convierte en el motor de esta diabólica máquina. La calma y el aburrimiento adoptan el aspecto de un fantasma del que hay que huir: el fantasma del dolor. «Si me paro empiezo a pensar; si pienso, sufro» son las palabras que se pronuncian con más frecuencia en estos casos. Conseguir que los pacientes sean conscientes de que para elaborar el dolor hay que vivirlo es el componente fundamental de la mayor parte de las intervenciones en duelos bloqueados.

A veces también vemos comportamientos obsesivos o de aparente negación de la realidad. Este aspecto puede aparecer tanto en los casos de duelo amoroso (el más frecuente) como de duelo propiamente dicho. En el primer caso, la persona abandonada busca constantemente la presencia del otro llamando por teléfono, escribiendo o incluso espiando. Actos persecutorios para quien los padece, e ilusorios (y decepcionantes) intentos de aliviar el dolor para quien los realiza, que rápidamente acaba metido en una espiral compulsiva en la que cuanto más busca la proximidad, más advierte la distancia. Y así comienza de nuevo la necesidad de búsqueda del contacto, en una espiral sin fin.

La negación del dolor se produce a veces en forma de «congelación» de las emociones: para no sentir el dolor ya no se siente nada. La persona «superviviente» sigue con su vida en una especie de anestesia emocional, realizando su trabajo sin ningún estímulo ni deseo de experimentar nada. A veces ni siquiera parece haber sufrido demasiado la pérdida, precisamente a causa de este estado de ausencia de emociones. Al mismo tiempo se dibuja un cuadro aparentemente depresivo, que solo tras un atento análisis parece ser el resultado de no haber vivido plenamente el dolor de la pérdida. La comunicación con el paciente, en estos casos, se centrará justamente en turbarlo emocionalmente para que aflore, por fin, el dolor y conducirle a una sana elaboración del duelo.

En el caso del trastorno de estrés postraumático muchas veces el duelo tampoco es procesado porque el paciente, atrapado en el pasado, revive constantemente el recuerdo del hecho traumático y, por tanto, lo abruma más el horror y el miedo que el dolor. En estos casos, por tanto, es fundamental asegurarse de que el trastorno haya sido desbloqueado antes de llevar a cabo cualquier maniobra de elaboración del duelo, puesto que la persona sería invadida por el miedo antes que por el sufrimiento del recuerdo.

En definitiva, trabajar en los duelos complicados significa intervenir en los distintos sistemas perceptivo-emocionales y saber identificar las emociones básicas sobre las que hay que presionar, puesto que no siempre es el dolor la emoción que surge en primer lugar. Para ello el terapeuta debe disponer de herramientas y modalidades de comunicación que permitan hacer sentir al paciente la necesidad de avanzar hacia un proceso de duelo saludable, so pena de no poder superarlo. Se trata a menudo de realizar un trabajo de arriba abajo, partiendo de la emoción emergente para acompañar delicadamente al paciente a través de su propio dolor. Solo tras haber desbloqueado el mecanismo que lo mantenía atrapado en su duelo complicado, la herida, abierta aún pero ya no infectada, iniciará su propio proceso de curación hasta transformarse en cicatriz.

6. Comunicar con la mente herida

Si lo que digo resuena en ti, es simplemente
porque ambos somos ramas de un mismo árbol.
WILLIAM BUTLER YEATS

De lo que hemos expuesto hasta aquí parece evidente
hasta qué punto el nivel de la comunicación es fundamental en el enfoque al paciente que padece un trastorno
vinculado a un hecho doloroso. Teniendo en cuenta la
fuerte implicación emocional, el terapeuta no puede li-
mitarse a disponer de técnicas y estrategias dirigidas a intervenir en las modalidades de persistencia del trastorno,
sino que también debe dominar el arma más poderosa
de predisposición al cambio: la comunicación sugestiva.
Incluso la técnica más eficaz pierde todo su poder si no
se incluye en un contexto comunicativo en el que el terapeuta sea capaz de tocar, mediante su forma de comunicar, las cuerdas emocionales más sensibles del otro.

Si bien es cierto que todos los seres humanos se re-
sisten al cambio de su equilibrio por la conocida ley de
la homeostasis, esto es especialmente evidente en quien
ha sufrido heridas y vive sumido en el dolor, la angustia
u otras emociones invalidantes. Como ya hemos visto,

en estas situaciones «hablar» a la parte cognitiva del cerebro con el lenguaje descriptivo y explicativo típico de los enfoques cognitivos tiene muy poco poder de incidir en el malestar del paciente. El lenguaje sugestivo-performativo, en cambio, apunta directamente a la parte más arcaica de nuestro cerebro y, por tanto, es capaz de hacer «sentir» antes de «entender». Precisamente en virtud de que trabaja directamente sobre las emociones primarias, superando las resistencias de la voluntad consciente, la sugestión es una herramienta extraordinariamente poderosa para provocar las experiencias emocionales correctivas, que son fundamentales para desbloquear en poco tiempo la situación del paciente (Nardone, 2020a).

Por esta razón, la comunicación sugestiva es el principal instrumento para inducir un cambio en la forma de percibir y reaccionar de los individuos, hasta el punto de representar al menos la mitad —si es que no las tres cuartas partes— del trabajo terapéutico. La capacidad de comunicar eficazmente, además, es fundamental para instaurar una relación terapéutica positiva, que haga que el otro se sienta acogido, comprendido, dispuesto a dejarse guiar para penetrar en lo que a menudo son «círculos infernales» de su malestar. Será indispensable, por tanto, sobre todo en las primeras fases de la intervención, utilizar un lenguaje verbal, no verbal y paraverbal capaz de inducir en quien tiene «la mente herida» un estado alterado de conciencia que amplifique sus percepciones y reduzca su resistencia al cambio, esto es, lo que hemos llamado en otro lugar «hipnoterapia sin trance» (Nardone, Watzlawick, 1990; Nardone et al., 2006; Nardone, 2015, 2020a).

Actuar con pies de plomo: la primera sesión

La primera sesión siempre reviste una importancia crucial para el desarrollo de todo el proceso terapéutico, pero especialmente en el caso de quien ha vivido o está viviendo una situación de profundo dolor. La persona que llega a la terapia en estas condiciones está viviendo un sufrimiento agudo y, por tanto, es urgente que sea comprendida y ayudada a superar la situación dolorosa que la ha llevado a acudir a nosotros, ya sea debida a una invasión del pasado, un bloqueo en el presente o una desaparición repentina del futuro.

Al mismo tiempo, pese a la urgencia, a menudo tiene dificultades para comunicar lo que siente. Y esto es especialmente cierto en el caso del trastorno de estrés postraumático, en el que la persona teme que describir el origen de su problema la haga revivir el trauma y no consiga librarse de él. Pero también el que está atenazado por la angustia en el presente o resignado a la falta de esperanza en el futuro puede tener dificultades para explicar su problema, precisamente debido a las fuertes emociones que está experimentando. Se trata, pues, de pacientes que están muy motivados al cambio debido al gran sufrimiento que padecen, pero al mismo tiempo están tan apresados en su dolor, miedo o angustia que no logran introducir en su vida ni el más mínimo cambio.

Debido a estas circunstancias, las necesidades de estas personas son dobles. Por un lado, encontrarse ante un «técnico especializado», un experto capaz de guiarlas eficazmente a superar rápidamente el problema. Por el otro lado, un terapeuta capaz de crear una relación de fuerte coparticipación emocional, que las haga sentir que comprende las emociones que experimentan. El terapeuta ha de saber gestionar también una nueva ambivalencia del paciente con la «mente herida»: su fuerte exigencia de aceptación y de cercanía relacional, que difícilmente le proporcionaría un terapeuta demasiado «frío» o medicalizador, y al mismo tiempo la necesidad de no sentirse «invadido» por las preguntas del terapeuta. Este último deberá andar con pies de plomo, oscilando continuamente entre la cercanía-distanciamiento y la tecnicidad-comprensión, a fin de sintonizarse perfectamente con las necesidades del paciente y hacer que esté dispuesto a confiar en sus indicaciones (Cagnoni, Milanese, 2009).[1]

Por todas estas razones, el primer encuentro deberá caracterizarse por una comunicación fuertemente sugestiva, concediendo gran atención al lenguaje no verbal y paralingüístico además de al verbal. Durante la escucha, por ejemplo, la mirada nunca deberá dirigirse de manera fija y rígida al paciente, sino fluctuar y moverse en torno al rostro y el cuerpo emitiendo señales que transmitan participación y comprensión. En cambio, será fundamental mirar al paciente a los ojos en el momento en que hay que ordenar o prescribir, y utilizar un tono de voz que transmita empatía, con un ritmo lento y acompasado (Nardone, 2020a).

Desde el primer contacto es importante comunicar que estamos a la espera paciente (pero activa), sin que la otra persona se sienta presionada por nuestra necesidad

---

1 Contribuyen a la capacidad de este encuentro importante desde el primer momento los lóbulos frontales, sede de las neuronas espejo, que al ser sensibles también a los estados emocionales nos ayudan a entrar en sincronía y sintonía con los demás, a menudo sin siquiera darnos cuenta (Rizzolatti, Craighero, 2004).

de conocer lo que le cuesta mucho expresar. La mímica facial debe transmitir comprensión, pero no dolor: comunicar implícitamente un «yo también *siento* lo que sientes» estaría completamente fuera de lugar; otra cosa es, en cambio, comunicar «*siento* lo que sientes y lo comprendo». En la mímica facial, durante la fase de escucha, son muy importantes los «guiños» de comprensión con los que el terapeuta marca la narración del paciente, a fin de hacer que se sienta escuchado y comprendido. También el tono, el timbre y el volumen de la voz deben ser modulados y sintonizados con los del paciente, que a menudo, sobre todo en el primer encuentro, inserta pausas y habla en voz baja.

La relación terapéutica deberá ser «cálida», caracterizada por modalidades comunicativas muy envolventes, que hagan que la persona se sienta aceptada, libre de expresarse y nunca presionada a hablar. Al hablar del hecho sucedido puede ser que la persona dé rienda suelta a sus sentimientos y, como un río desbordado, inunde la estancia de la terapia de palabras y emociones. En este caso es muy importante que el terapeuta escuche sin interrumpir ni preguntar, dejando al paciente todo el tiempo que necesite. O también puede ocurrir que a la persona le cueste mucho hablar de ello; el terapeuta podrá preguntar alguna cosa, pero siempre con suavidad y respetando absolutamente los tiempos y las dificultades de la persona.

Desde el punto de vista verbal, la investigación sobre el trauma no debe parecer demasiado articulada y apremiante: las preguntas han de ser mesuradas en el número y en el ritmo y sobre todo han de contener una redefinición de la situación que haga sentir al paciente que el terapeuta también está «sintiendo». De hecho, es gracias a la capacidad de redefinir del terapeuta que el paciente podrá percibir que ha sido aceptado en todo su dolor y su angustia.

La habilidad de terminar una frase difícil de pronunciar se convierte en este caso en un recurso valioso, ya que muchas veces el paciente que está en dificultades se detiene porque el tema tratado le produce turbación, está demasiado angustiado por los contenidos o abrumado por oleadas de emociones demasiado fuertes para ser controladas.

Con la persona que ha sufrido traumas o heridas la utilización de un auténtico «diálogo estratégico», esto es, la modalidad habitualmente preferida para la primera sesión de una terapia evolucionada (Nardone, Salvini, 2004), no estaría en sintonía con las exigencias del paciente, que ha de ser conducido suavemente y sin forzamientos a exponer algo extraordinariamente duro y doloroso.

«Tocar el corazón»: la importancia del lenguaje evocador

Un aspecto fundamental de la comunicación estratégica es la capacidad de alternar un lenguaje explicativo con un lenguaje sugestivo y evocador, a fin de acoger y conducir al paciente a realizar, ya en la primera sesión, los primeros y fundamentales cambios perceptivo-emocionales, que más tarde se concretarán fuera del *setting* terapéutico (Nardone, 2020a). Sobre todo cuando el dolor es la principal emoción que está experimentando la persona, como en todos los casos de «mente herida», el terapeuta ha de saber utilizar evocaciones intensas no solo para sintonizarse con la percepción del otro, sino también para gestionar su fuerte resistencia a poner en práctica algunas de las primeras prescripciones fundamentales. Ya sea la novela del trauma, la crónica de los desastres realizados o la novela criminal, al paciente se le pide que haga lo que hasta entonces había tratado de evitar con todas sus fuerzas: sumergirse en el dolor y evocarlo en todos sus detalles. Sobre todo quien sufre un trastorno de estrés postraumático ofrece gran resistencia a la idea de tener que sumergirse todos los días en el recuerdo del trauma que está intentando desesperadamente olvidar. Así que las modalidades comunicativas de tipo sugestivo del terapeuta son fundamentales para lograr que la persona esté dispuesta a hacer una cosa tan devastadora y aparentemente contraintuitiva.

Reproducimos a continuación un fragmento de una sesión con Matteo, de 40 años, que llega a la terapia en un estado depresivo para el que no encuentra ninguna razón aparente. Tiene una mujer a la que adora, tres hijos magníficos y un trabajo gratificante, pero desde que ha vuelto a vivir en su país de origen no disfruta de nada y vive en un estado de angustia y de dolor. En la primera sesión se revive un pasado extraordinariamente traumático de la persona que, siendo muy joven, precisamente en aquel país perdió a sus padres víctimas de un hecho criminal que ha permanecido impune y, poco después, a su única hermana, a consecuencia de un accidente de tráfico. El terapeuta le acaba de prescribir la novela criminal y Matteo ha expresado con vehemencia su resistencia a hacer algo tan doloroso. El terapeuta utiliza, por tanto, muchas imágenes evocadoras para sintonizarse con él y persuadirlo suave pero firmemente a poner en práctica la prescripción.

TERAPEUTA: Desgraciadamente el dolor, el duelo, es una cosa que no se puede curar; solo se puede decantar; y para hacerlo decantar lo más rápido posible hay que pasar por él. Si usted evita hacerlo...

PACIENTE: Me horroriza la idea de hacerlo.

T: Remite, remite, remite, y lo retiene.

P: Como he hecho siempre. Me he dedicado siempre a otras cosas.

T: Ha intentado distraerse, pero es imposible distraerse de un dolor tan fuerte, tan presente.

P: Tiene razón, nunca ha funcionado del todo...

T: Pensar en no pensar y seguir pensando. Tratar de olvidar voluntariamente distrayéndose y mantenerse más fijado aún a esas imágenes del pasado. Desgraciadamente, hay que bajar al infierno para salir de él... Pero si no quiere hacer esto, si se niega, mantiene este dolor en su presente.

P: *(Asiente)*

T: Porque además lo peor es que manteniéndose fijado a esas sensaciones que no quiere revivir, en realidad las lleva consigo como un lastre y no le permiten vivir el resto de la vida.

P: *(Asiente llorando)*

T: El único modo de salir es volver a entrar. Aunque desgraciadamente se trata de algo doloroso que no podemos evitarle. No existe una estratagema mágica para esto, ¿de acuerdo? Lo único que podemos hacer es ayudarle a hacerlo en el menor tiempo posible. Pero el dolor no se lo podemos quitar. Aunque si lo hace lo más rápido posible, esto le permitirá empezar a vivir de nuevo las otras cosas manteniendo esta en un cajón donde estarán encerrados sus recuerdos. De lo contrario, esto es un muro, una cárcel que le impide vivir todo lo demás: he de pedirle que todos los días haga este viaje a su infierno.

P: *(Asintiendo)* De acuerdo, lo haré.

La herida ha de convertirse en cicatriz, la medicina amarga que hay que aceptar beber para poder curarse, el túnel oscuro que hay que atravesar para regresar a la luz son imágenes analógicas que se adaptan perfectamente a la vivencia de quien está herido y ha de ser acompañado para atravesar el dolor y salir de él.

Sin la capacidad del terapeuta de comunicar con una modalidad fuertemente evocadora, serían realmente una minoría los pacientes dispuestos a poner en práctica unas indicaciones cuyo primer efecto es a menudo obligarlos a conectar de nuevo con su dolor. En el caso del trastorno de estrés postraumático, por ejemplo, en nuestra investigación-intervención hemos detectado solo dos tipos de resultados terapéuticos: casos en los que el paciente había aceptado poner en práctica la prescripción de la novela del trauma y, por consiguiente, había resuelto completamente su trastorno, y casos que se habían mantenido sin cambios porque el paciente, incluso tras numerosos intentos, se había negado a hacerlo. De modo que con este tipo de trastorno el fracaso terapéutico es básicamente un fracaso de tipo comunicativo y relacional, ya que el terapeuta no ha conseguido vencer la resistencia emocional del paciente frente a una prescripción de entrada más bien expositiva y dolorosa como es la novela del trauma.

También en el caso de los duelos complicados, en los que la persona trata por todos los medios de huir del dolor de la pérdida, la comunicación terapéutica es a menudo la clave de bóveda para el éxito de la intervención.

Sonia es una mujer de 35 años que pide ayuda por lo que ella llama una «obsesión amorosa». El novio la ha dejado tras seis años de una relación intensa y con la fecha de boda ya fijada. Sonia no puede dejar de pensar en él, sigue llamándolo, buscándolo, siguiéndolo y controlando lo que hace en las redes sociales. El exnovio ha sido claro: ya no la ama y está saliendo con otra mujer, incluso le ha bloqueado el teléfono y no responde a sus llamadas. Pero Sonia no es capaz de dejar de llamarle y de hablar continuamente de él con todas sus amigas, que en vano intentan que acepte que la historia se ha terminado.

T: Si la he entendido bien, usted no acepta que el amor haya terminado y que ya no está con su novio. En su interior niega una realidad.

P: Sí, sí, lo sé.

T: Mire, se dice que los amores suceden, los amores suceden y acaban. Y el vuestro sucedió y se acabó. Por tanto, o consigue adoptar esta perspectiva y acepta una realidad de sufrimiento… ya no me quiere…

P: ¡Esto es precisamente lo que no consigo hacer!

T: Bien. Entonces, para hacer que adopte esta perspectiva ha de pensar que cuanto más actúa de este modo más contribuye a que esta persona sienta mayor aversión hacia usted. Y usted se hunde cada vez más.

P: Esto es cierto.

T: Hará cosas cada vez peores, más humillantes. Todo el mundo la rechazará, incluso sus amigas.

P: Ya me lo han dicho… *(Empieza a llorar)* Las amigas, todo el mundo, y yo la primera, doy asco porque nunca me he comportado así…

T: *(Le ofrece un pañuelo)*

P: Gracias…

T: Lo cierto es que con este comportamiento aleja de usted a todo el mundo… Porque al final nadie soporta a la persona que insiste, que se da cabezazos contra un árbol esperando que el árbol se aparte.

P: *(Asiente mientras sigue llorando)*

T: Solo puede hacer una cosa… Aceptar el duelo… Todos los días se encierra en su habitación, reduce la intensidad de la luz y llora, llora hasta agotar las lágrimas…

P: *(Sigue llorando)*

T: Ha de aceptar la pérdida. Ha de tocar fondo para subir de nuevo a la superficie. Ha de aceptar la pérdida… Cada vez que lo busca, está rechazando la pérdida y lo que hace es hurgar en la herida e impedir que cicatrice.

P: *(Deja de llorar y mira al terapeuta)*

T: Desgraciadamente, es lo más doloroso que puede haber. La pérdida de una persona que todavía vive es mucho peor que la muerte de una persona, porque si uno muere al final acabas aceptándolo. Si vive, no lo aceptas, por qué ha decidido dejarte… Pero dicho esto, usted debe pasar diariamente por el sufrimiento del duelo para llegar a aceptarlo…

P: ¿Cómo?

T: Se mete en su habitación y llora hasta agotar las lágrimas.

P: Pero si ya lloro.

T: Sí, pero necesito que lo haga voluntariamente una vez al día, en su habitación, hasta el agotamiento. Después, sale de su habitación, se arregla y deja de verter su sufrimiento sobre los demás. Dejará de hablar de él y de exteriorizar su sufrimiento. Así que debe conceder un espacio diario a su sufrimiento, durante el tiempo que sea necesario...

P: *(Asiente)*... ¿Y si alguien me habla de él?

T: La respuesta ha de ser «Me estoy lamiendo las heridas, pero no quiero hablar de esto con nadie».

P: ¿Y si me entran ganas de llamarlo?

T: Enfréntese todos los días a su dolor y acepte el duelo. Si acepta el duelo y llora porque lo ha perdido no tiene sentido que lo llame, le ha perdido. Usted sigue llamándolo porque se niega a aceptar lo que no puede cambiar. De modo que todos los días, después de comer, enciérrese en su habitación, cierre los ojos, baje la intensidad de la luz, sumérjase en todo lo que le falta, dé rienda suelta a sus lágrimas, hasta que... luego... pare. Se lava la cara, se levanta y se comporta dignamente con todo el mundo y evita hablar de ello.

P: En realidad, hablo con todo el mundo.

T: Y a todo el que le pregunte le dice «Me estoy lamiendo las heridas, no debo hablar de esto», de lo contrario cuanto más hablo, más alimento.

P: *(Asiente)*

T: ¿Me he expresado con suficiente claridad?

P: Sí, sí, claro, gracias.

A partir del intenso dolor de la mujer por el abandono de su novio y los continuos rechazos por su parte, el terapeuta subraya hasta qué punto el hecho de seguir persiguiéndolo aumenta su alejamiento. Y no es solo esto, existe también el riesgo de que el continuo malestar que Sonia demuestra diariamente haga que también se alejen las otras personas queridas. Anticipar este dolor aún más grande e intenso permite empezar a abrir una brecha en la resistencia de la mujer a aceptar que la relación se ha acabado y a afrontar el duelo con valor y voluntariamente, sumergiéndose en él a diario todo el tiempo que sea necesario y, paralelamente, interrumpiendo la conversación continua con las amigas sobre el tema, ya que hurgar en la herida impide que esta cicatrice. Empezó así el lento proceso de salida del túnel, que Sonia llamaba «obsesión amorosa», pero que era un duelo negado y, por tanto, no resuelto.

Como esperamos haber demostrado con estas breves transcripciones, cuando la mente está herida es fundamental que el terapeuta sepa conjugar dulzura y firmeza, aceptación y directividad, sin hacer sentir nunca al otro culpable o incorrecto, sino buscando las imágenes adecuadas para hacerle aceptar lo que de entrada parece inaceptable. Solo así el otro estará dispuesto a dejarse acompañar para atravesar su infierno personal y salir de él después, lentamente y juntos, «para volver a ver las estrellas».

7. Más allá del dolor

Sufrir es tener un secreto en común con Dios.
KIERKEGAARD

El dolor es una experiencia universal que une a todos los seres humanos. Lo que los diferencia es cómo superan esta experiencia abrumadora. Sí, porque a pesar del miedo que inspira y de hasta qué punto nuestra cultura nos induce cada vez más a buscar estrategias para evitarlo, podemos avanzar a partir del dolor.

El dolor nos abre un camino, terrible y angustioso, a veces lleno de rabia, pero también de oportunidades. A lo largo de este proceso podemos aprender muchas más cosas de nosotros mismos que en cualquier momento feliz de nuestra vida. Este sentimiento tan temido, tras habernos asustado, debilitado inicialmente, abatido y habernos hecho creer que no tenemos futuro, en realidad nos sitúa frente a nuestros límites y nos hace descubrir de qué somos capaces, en el bien y en el mal. Superar una experiencia dolorosa significa haber dominado nuestras emociones y ser conducidos a otro lugar. Pero ¿adónde?

A una nueva conciencia de sí, porque en la superación del dolor se nos anima a iniciar un virtuoso proceso de adaptación continua, que nos impone sacar fuerzas de flaqueza, aceptar la fragilidad, la carencia y la imperfección para construir esa característica tan fundamental para nuestra sana supervivencia que llamamos *resiliencia*.

En física, la resiliencia es la capacidad de un material para resistir un golpe repentino sin romperse, y es importante para prever cómo se comporta un material si se somete a estímulos aplicados brusca y súbitamente, como por ejemplo un impacto. La palabra resiliencia pasó al ámbito de la psicología para definir la fuerza del ser humano para reaccionar ante hechos traumáticos (Short, Casula, 2004). Término muy utilizado en el último decenio, a menudo de manera impropia como sinónimo de fuerza, la resiliencia es una capacidad fundamental adquirida a lo largo de la vida. La persona resiliente sufre, se angustia, se aterroriza, se enfurece como todas las demás, pero gestiona y orienta este tsunami emocional para diseñar nuevas trayectorias (Meringolo, Chiodini, Nardone, 2016). Durante este funambulismo emocional la desconfianza da paso a la paz interior, y el dolor se convierte en la fuerza impulsora de este virtuoso proceso de cambio.

Ser resilientes no es un mérito, sino una consecuencia, porque la resiliencia no es un estado sino un proceso.

Si superar una dificultad nos hace sentir fuertes y aumenta la seguridad en nosotros mismos, atravesar el dolor concediéndose el sufrimiento y gestionando las emociones forzosamente nos hará evolucionar hacia un estadio emocionalmente más competente de nosotros mismos. La resiliencia es una especie de milagro hecho realidad: ese en que de la necesidad de resolver un problema nacen nuevas competencias. Es el milagro que se realiza cada vez que nos enfrentamos a una situación problemática, en la que nuestro límite emocional exige una gestión funcional con el fin de superarlo y progresar.

Deberemos, por tanto, decidirnos a cultivar la resiliencia en la vida, del mismo modo que decidimos estudiar y aumentar nuestras competencias o entrenar nuestro cuerpo en un gimnasio. El dolor nos ofrece esta oportunidad, pero no todo el mundo la aprovecha. Josephine Hart, en su primer libro, *Damage*, escribe: «El que ha sufrido un daño es peligroso, sabe que puede sobrevivir». La persona resiliente no sobrevive al dolor. Lo utiliza y evoluciona. El «superviviente» de una experiencia dolorosa de la que sale asustado, enfadado, decepcionado, frío e insensible puede ser peligroso, para sí mismo y para los demás. Porque el dolor que resulta estéril es como el agua que entra en las grietas, luego se convierte en hielo y las rompe.

De modo que ante el dolor siempre debemos optar por atravesarlo en toda su complejidad, pero como no siempre somos los mismos y nuestra percepción del mundo, de nosotros mismos y de los demás, cambia constantemente, podemos tener dificultades para superar experiencias dolorosas, aunque hayamos superado otras peores. No debe sorprendernos, pues, la fatiga que sentimos al afrontar experiencias de menor importancia que otras, porque nuestra resiliencia es cambiante, como lo somos nosotros, pero la redescubriremos y la amplificaremos al superar esa misma experiencia.

Haber superado con éxito una experiencia dolorosa y ver sus frutos deja una herencia muy importante: la determinación. Haber logrado ir más allá del sufrimiento, del miedo y de la rabia, a veces reconstruyendo de la nada el propio escenario futuro, a veces deshaciéndose de los pesados escombros del pasado, alimenta nuestra capacidad de identificar objetivos incluso allí donde no están claros y la tenacidad de dirigirse hacia ellos salvando los obstáculos que encontramos.

En el fatigoso recorrido de travesía del dolor, experiencia tras experiencia, se crea un círculo virtuoso de aprendizajes emocionales, que son la base de la resiliencia y de la determinación (Nardone, Bartoli, 2019). Dos características fundamentales que a lo largo de nuestro camino de constante aprendizaje cultivamos y expandimos. Ser determinados significa entrever la meta más allá del dolor: por esto cada vez que lo atravesamos no disminuimos la potencia de la vivencia de esta emoción, sino que confiamos inconscientemente en alcanzar el objetivo.

Por esta razón deberemos procurar también guiar a nuestros hijos para que se vuelvan resilientes. Tendemos absurdamente a evitarles cualquier tipo de experiencia dolorosa, sin pensar que tarde o temprano el dolor aparecerá en sus vidas y los hallará desprevenidos y asustados (Nardone *et al.*, 2001). Hace tiempo que se dice que Occidente es una sociedad carente de héroes, pero atestada de débiles que querrían sentirse heroicos (Nardone, Bartoli, 2019). Una de las experiencias más útiles para adquirir conciencia de los propios límites es precisamente el dolor. Por esto hay que responsabilizar a los padres para que ayuden a sus hijos a superar las dificultades, pero sin sustituirlos nunca ni evitar que tengan que atravesar el sufrimiento.

El ejemplo recibido también marcará la diferencia. Haber visto en el seno de la familia la experiencia del dolor vivido manteniendo el rumbo permitirá a un hijo tener conciencia de que más allá del dolor siempre hay un nuevo escenario. Por mucho que se sufra, el resultado del sufrimiento será una lección para todos: protagonistas y espectadores.

Pero no es esta la única manera de transmitir la resiliencia a nuestros hijos. Al parecer, esta extraordinaria capacidad de adaptación evolutiva también se hereda. Cada vez son más los estudios de epigenética[1] que muestran cómo las respuestas a hechos traumáticos también pueden ser transmitidas y heredadas. Esta fascinante disciplina nos ha abierto nuevas perspectivas y debe motivarnos aún más a querer dejar en herencia a nuestros hijos el mayor número de recursos posibles, ya sean aprendidos o heredados genéticamente.

El descubrimiento de cómo la experiencia es capaz de modificar no solo la organización neuroplástica del cerebro sino también la expresión génica hace, por último, que comprendamos aún mejor la importancia del trabajo que hacemos con nuestros pacientes. Como esperamos haber demostrado a lo largo de todo el libro, una psicoterapia con éxito produce importantes experiencias perceptivo-emocionales, que permiten no solo intervenir en las manifestaciones sintomáticas de un trastorno o en el malestar de la persona, sino también estructurar nuevos aprendizajes, especialmente los relacionados con la capacidad de gestionar eficazmente las emociones: aprendizajes fundamentales sobre todo cuando se habla

1   El término se refiere a la existencia de mecanismos «epi» genéticos (esto es, «sobre» la genética), que modifican la expresión del gen, silenciándolo, activándolo o modulándolo. La epigenética estudia los mecanismos moleculares mediante los que el ambiente altera el grado de actividad de los genes, aunque sin modificar la información que contienen, es decir, sin modificar la secuencia del ADN.

de dolor y de pérdida, inevitables compañeros de nuestra existencia de seres humanos. Vemos, pues, que las heridas producidas por la vida, gracias también a un puntual acompañamiento terapéutico, pueden transformarse de fragilidad en puntos de fuerza que nos ayuden a afrontar mejor los desafíos futuros. Al final del viaje, no solo habremos acompañado al otro a atravesar el dolor, sino que lo habremos conducido a evolucionar y desarrollar su propia resiliencia, y en esta experiencia recíproca no habremos podido evitar hacer lo mismo.

Bibliografía

Alexander F., French T.M. (1946), *Psychoanalytic therapy*, Nueva York, Ronald Press.

Banducci A.N., Hoffman E., Lejwez C.W., Koenen K. C. (2014), «The relationship between child abuse and negative outcomes among substance users: psychopathology, health and comorbidities», *Addictive Behaviours* 39 (19).

Barcaccia B., Mancini F. (2013), *Teoria e Clinica del perdono*, Milán, Raffaello Cortina Editore.

Bartoletti A., Nardone G. (2018), *La paura delle malattie*, Milán, Ponte alle Grazie.

Benedetti F. (2018), *La speranza è un farmaco*, Milán, Mondadori.

Bormolini G., Manera S., Testoni I. (2020), *Morire durante la pandemia*, Padua, Edizioni Messaggero di Padova.

Brooks S.K., Webster R. K., Smith L. E. *et al.* (2020), «*The psychological impact of quarantine and how to reduce it: rapid review of the evidence*», *The Lancet* 395, pp. 912-920.

Cagnoni F., Milanese R. (2009), *Cambiare il passato. Superare i traumi con la terapia strategica*, Milán, Ponte alle Grazie [trad. cast.: *Cambiar el pasado*, Barcelona, Herder, 2010).

Caputo A., Milanese R. (2017), *Psicopillole. Per un uso etico e strategico dei farmaci*, Milán, Ponte alle Grazie.

Carlsmith K.M., Wilson T.D., Gilbert D.T. (2008), «The Paradoxical Consequences of Revenge», *Journal of Personality and Social Psychology* 95(6), pp. 1316-1324.

Davidson, J.R.T., Hughes, D., Blazer, D., *et al.* (1991), «Post-traumatic Stress Disorder in the Community: an Epidemiological Study», *Psychological Medicine* 21, pp. 1-19.

De Rosa S., Spaccarotella C., Basso C. *et al.* (2020), «Reduction of hospitalizations for myocardial infarction in Italy in the COVID-19 era», Società Italiana di Cardiologia and the CCU Academy investigators group, *European Heart Journal* 41(22), pp. 2083-2088.

Dennet D.C. (2017), *From Bacteria to Bach and back: the evolution of minds*, Londres, Penguin [trad. cast.: *De las bacterias a Bach*, Barcelona, Pasado y Presente, 2017].

Doidge N. (2015), *The Brain's Way of Healing*, Nueva York, Penguin [trad. cast.: *El cerebro y su forma de sanar*, Barcelona, La liebre de marzo, 2021].

Dutheil F., Mondillon L., Navel V. (2021), «PTSD as the second tsunami of the SARS-Cov-2 pandemic», *Psychological Medicine* 51(10), 24, pp. 1773-1774.

Emmelkamp P.M., David D., Beckers T. *et al.* (2014), «Avanzamento della psicoterapia e degli interventi psicologici basati sull'evidenza», *International Journal of Methods in Psychiatric Research* 23 (Supl. 1), pp. 58-91.

Etkin A., Pittenger C., Polan H.J., Kandel E.R. (2005), «Toward a Neurobiology of psychotherapy: basic science and clinical applications», *Journal of Neuropsychiatry and Clinical Neuroscience* 17, pp. 145-158.

Furmark T., Tillfors M. *et al.* (2002), «Common changes in cerebral blood flow in patients with social phobia treated with citalopram or cognitive-behavioral therapy», *Archives Of General Psychiatry* 59(5), pp. 425-433.

Gabbard G.O. (2000), «A neurobiologically informed perspective on psychotherapy», *The British Journal of Psychiatry* 177, pp. 117-122.

Glass O., Dreusicke M., Evans J., Bechard E., Wolever R.Q. (2019), «Expressive writing to improve resilience to trauma: A clinical feasibility trial», *Complementary therapies in clinical practice* 34, pp. 240-246.

Goldapple K., Segal Z., Garson C. *et al.* (2004), «Modulation of cortical-limbic pathways in mayor depression: treatment specific effects of cognitive behavior therapy compared to paroxetine», *Archives of General Psychiatry* 61, pp. 34-31.

Halligan S.L., Michael T., Clark D.M., Ehlers A. (2003), «Posttraumatic stress disorder following assault: the role of cognitive processing, trauma memory, and appraisals», *Journal of Consulting and Clinical Psychology* 71(3), pp. 419-431.

Jackson B.J., Pietrabissa G., Rossi A., Manzoni G.M., Castelnuovo G. (2018), «Brief Strategic Therapy and Cognitive Behavioral Therapy for Women with Binge Eating Disorder and Comorbid Obesity: A Randomized Clinical Trial One-Year Follow-Up», *Journal of Consulting and Clinical Psychology* 86(8), pp. 688-701.

Janssen T. (2006), *La solution intérieure. Vers une nouvelle medicine du corps et de l'esprit*, París, Librairire Arthème Fayard [trad. cast. *La solución está en ti. Descubre el poder y la memoria emocional de tu cuerpo*, Barcelona, Martínez Roca, 2007].

Jianbo L., Simeng M., Ying W. *et al.* (2020), «Factors Associated With Mental Health Outcomes Among Health Care Workers Exposed to Coronavirus Disease 2019», *JAMA Network Open* 3(3).

Kandel E.R. (1998), «A new intellectual framework for psychiatry», *American Journal of Psychiatry* 155 (4), pp. 457-469.

Kessler R.C., *et al.* (2014), «How well can post-traumatic stress disorder be predicted from pre-trauma risk factors? An exploratory study in the WHO World Mental Health Surveys», *World Psychiatry* 13(3), pp. 265-274.

Khan M. (1963), «The concept of cumulative trauma», en *The Privacy of the Self*, Londres, Hogart Press [trad. cast.: «El concepto de trauma acumulativo», *Revista de psicoanálisis* 44, 2005, pp. 117-137].

Kilpatrick D.G., Acierno R. (2003), «Mental health needs of crime victims: epidemiology and outcomes», *Journal of trauma stress* 16(2), pp. 119-132.

Kock C. (2012), *Consciousness: confessions of a Romantic Reductionist*, Cambridge, The MIT Press.

Kübler Ross E. (1969), *On death and dying*, Nueva York, Macmillan [trad. cast.: *Sobre la muerte y los moribundos*, Barcelona Debolsillo, 2010].

LeDoux J. (2002), *Synaptic Self*, Nueva York, Viking.

— (2015), *Anxious: Using the Brain to Understand and Treat Fear and Anxiety*, Nueva York, Viking.

Lisak D. (1994), «The psychological impact of sexual abuse: content analysis of interviews with male survivors», *Journal of traumatic stress* 7(4), pp. 525-548.

Mancini F., Basile B. *et al.* (2011), «Deontological and Altruistic Guilt: Evidence for Distinct Neurobiological Substrates», *Human Brain Mapping* 32, pp. 229-239.

Manna V., Daniele M.T. (2014), *Stress, trauma e neuroplasticità*, Roma, Alpes Italia

Martin A., Young C., Leckman J F. *et al.* (2004), «Age effects on antidepressant-induced manic conversion»,

Archives of Pediatrics and Adolescent Medicine 158, , pp. 773-780.

Meringolo P., Chiodini M., Nardone G. (2016), *Che le lacrime diventino perle: Sviluppare la resilienza per trasformare le nostre ferite*, Milán, Ponte alle Grazie.

Milanese R. (2020), *L'ingannevole paura di non essere all'altezza, Milán, Ponte alle Grazie* [trad. cast.: *El engañoso miedo a no estar a la altura*, Barcelona, Herder, 2021].

—, Mordazzi P. (2007), *Il coaching strategico. Trasformare i limiti in risorse*, Milán, Ponte alle Grazie [trad. cast.: *Coaching estratégico. Cómo transformar los límites en recursos*, Barcelona, Herder, 2012].

Milanesi P.G. (2019), «*Rabbia, ruminazione, vendetta e perdono. Un excursus tra fenomenologia e neuroscienze*», *Confinia Cephalalgica et Neurologica* 29(1), pp. 25-37.

Muriana E., Pettenò L., Verbitz T. (2006), *I volti della depressione*, Milán, Ponte alle Grazie [trad. cast.: *Las caras de la depresión*, Barcelona, Herder, 2016].

Nardone G. (1993), *Paura, Panico, Fobie*, Milán, Ponte alle Grazie [trad. cast.: *Miedo, pánico, fobias*, Barcelona, Herder, 2012].

— (1998), *Psicosoluzioni*, Milán, Rizzoli [trad. cast.: *Psicosoluciones*, Barcelona, Herder, 2010].

— (2000), *Oltre i limiti della paura*, Milán, Rizzoli [trad. cast.: *Más allá del miedo,* Barcelona, Paidós Ibérica, 2003].

— (2003a), *Non c'è notte che non veda il giorno*, Milán, Ponte alle Grazie [trad. cast.: *No hay noche que no vea el día,* Barcelona, Herder, 2012].

— (2003b), *Cavalcare la propria tigre*, Milán, Ponte alle Grazie [trad. cast.: *El arte de la estratagema*, Barcelona, Herder, 2013].

— (2009), *Problem solving strategico da tasca: L'arte di trovare soluzioni a problemi irrisolvibili*, Milán, Ponte alle Grazie [trad. cast.: *Problem solving estratégico. El arte de encontrar soluciones a problemas irresolubles*, Barcelona, Herder, 2010].

— (2013), *Psicotrappole*, Milán, Ponte alle Grazie [trad, cast.: *Psicotrampas*, Barcelona, Paidós, 2014].

— (2015), *La nobile arte della persuasione*, Milán, Ponte alle Grazie.

— (2016), *La terapia degli attacchi di panico*, Milán, Ponte alle Grazie [trad. cast.: *La terapia de los ataques de pánico,* Barcelona, Herder, 2016].

— (2017), *Sette argomenti essenziali per conoscere l'uomo*, Milán, Ponte alle Grazie [trad. cast.: *Siete cuestiones esenciales para conocer al ser humano*, Barcelona, Plataforma editorial, 2018].

— (2019), *Emozioni. Istruzioni per l'uso*, Milán, Ponte alle Grazie [trad. cast.: *Emociones. Instrucciones de uso*, Barcelona, Herder, 2020].

— (2020a), *Ipnoterapia senza trance*, Milán, Ponte alle Grazie.

— (2020b), *La solitudine*, Milán, Ponte alle Grazie [trad. cast.: *La soledad*, Barcelona, Herder, 2021].

—, Balbi E. (2008), *Solcare il mare all'insaputa del cielo*, Milán, Ponte alle Grazie [trad. cast.: *Surcar el mar a espaldas del cielo*, Barcelona, Herder, 2018].

—, Bartoli S. (2019), *Oltre sé stessi*, Milán, Ponte alle Grazie [trad. cast.: *Más allá de uno mismo,* Barcelona, Herder, 2019].

—, Milanese R. (2018), *Il cambiamento strategico*, Milán, Ponte alle Grazie [trad. cast.: *El cambio estratégico,* Barcelona, Herder, 2019].

—, Portelli C. (2005), *Knowing through Changing: The evolution of Brief Strategic Therapy*, Carmarthen, Crown House [trad. cast.: *Conocer a través del cambio*, Barcelona, Herder, 2013].

—, Portelli C. (2013), *Ossessioni compulsioni manie*, Milán, Ponte alle Grazie [trad. cast.: *Obsesiones, compulsiones, manías*, Barcelona, Herder, 2015].

—, Salvini A. (2004), *Il dialogo strategico*, Milán, Ponte alle Grazie [trad. cast.: *El diálogo estratégico*, Barcelona, Herder, 2011].

—, Salvini A. (eds.) (2013), *Dizionario Internazionale di Psicoterapia*, Milán, Garzanti [trad. cast.: *Diccionario internacional de psicoterapia*, Barcelona, Herder, 2019].

—, Watzlawick P. (1990), *L'Arte del Cambiamento: manuale di terapia strategica e ipnoterapia senza trance*, Milán, Ponte alle Grazie [trad. cast.: *El arte del cambio. Trastornos fóbicos y obsesivos*, Barcelona, Herder, 2012].

—, Watzlawick P., *Advanced Brief Therapy* (2005), Nueva York, Jason-Aronson.

—, Watzlawick P. (2005), *Brief Strategic Therapy: Philosophy, Technique and Research*, Maryland, Rowman & Littlefield.

—, Cagnoni F., Milanese R. (2007), «The strategic treatment of post-traumatic stress disorder», *Journal of Brief, Strategic and Systemic Therapies*, 2.

—, Cagnoni F., Milanese R. (2021), «Acrobazie emotive: imparare a superare rimorsi, rimpianti e sensi di colpa», *Psicologia contemporanea* 284, pp. 31-35.

—, Giannotti E., Rocchi R. (2001), *Modelli di famiglia*, Milán, Ponte alle Grazie [trad. cast.: *Modelos de familia*, Barcelona, Herder, 2012].

—, Balbi E., Vallarino A., Bartoletti M. (2017), *Psicoterapia breve a lungo termine*, Milán, Ponte alle Grazie [trad.

cast.: *Psicoterapia breve a largo plazo,* Barcelona, Herder, 2019].

—, Loriedo C., Zeig J., Watzlawick P. (2006), *Ipnosi e terapie ipnotiche*, Milán, Ponte alle Grazie [trad. cast.: *Hipnosis y terapias hipnóticas,* Barcelona, RBA, 2008].

Pagani M., Carletto S. Ammanniti M. (2019), *Il cervello che cambia. Neuroimaging: il contributo alle neuroscienze*, Milán, Mimesis.

Paquette V., Levesque J., Mensour B. *et al.* (2003), «Change the mind and you change the brain: effects of cognitive-behavioral therapy on the neural correlates of spider phobia», *Neuroimage* 18(2), pp. 401-409.

Pavlacic J.M., Buchanan E.M., Maxwell N.P., Hopke T.G. Schulenberg S.E. (2019), «A Meta-Analysis of Expressive Writing on Posttraumatic Stress, Posttraumatic Growth, and Quality of Life», *Review of General Psychology* 23(2), pp. 230-250.

Pennebaker J.W., Smyth J.M. (2016), *How expressing writing improves health and ease emotional pain*, Nueva York, Guildford Press.

Pietrabissa G., Manzoni G.M., Gibson P. *et al.* (2016), «Brief strategic therapy for obsessive-compulsive disorder: a clinical and research protocol of a one-group observational study», *BMJ Open* 6.

Ramaswami M. (2014), «*Network plasticity in adaptive filtering and behavioral habituation*», *Neuron* 82(6), pp. 1216-1229.

Rizzolatti G., Craighero L. (2004), «The mirror-neuron system», en *Annual Review of Neuroscience* 27, pp. 169-192.

Rogosch F.A., Oshri A., Cicchetti D. (2010), «From child maltreatment to adolescent cannabis abuse and dependence: a developmental cascade model», *Development and Psychopathology* 22(4), pp. 883-897.

Shore, F.S., Chen, J., McFarland, R.E. *et al.* (1989), «Posttraumatic Stress Disorder and concurrent psychiatric illness: a preliminary report», *American Journal of Psychiatry* 177, pp. 681-685.

Short D., Casula C. (2004), *Speranza e resilienza*, Milán, Franco Angeli.

Simpson T.L., Miller W.R. (2002), «Concomitant between childhood sexual and physical abuse and substance use problems: a review», *Clinical psychology review* 22 (1), pp. 27-77.

Sloan D.M., Sawyer A.T., Lowmaster S.E., Wernick J., Marx B.P. (2015), «Efficacy of Narrative Writing as an Intervention for PTSD: Does the Evidence Support Its Use?», en *Journal of Contemporary Psychotherapy* 45(4), pp. 215-225.

—, Marx B.P., Lee D.J., Resick P.A. (2018), «A Brief Exposure-Based Treatment vs Cognitive Processing Therapy for Posttraumatic Stress Disorder: A Randomized Noninferiority Clinical Trial», *JAMA Psychiatry* 75(3), pp. 233-239.

Solomita B., Franza F. (2020), «Lutto "senza corpo"», *Quaderni di Telos*, pp. 71-82.

Thompson-Hollands J., Marx B.P., Lee D.J., Resick P.A., Sloan D.M. (2018), «Long-term treatment gains of a brief exposure-based treatment for PTSD», en *Depression and Anxiety* 35(10), pp. 985-991.

—, —, Sloan, D.M. (2019), «Brief Novel Therapies for PTSD: Written Exposure Therapy», *Current Treatment Options in Psychiatry* 6, pp. 99-106.

Van der Kolk B.A. (1994), «The body keeps the score: memory and the evolving psychobiology of posttraumatic stress», *Harvard Review of Psychiatry* 1, pp. 253-265.

— (2006), «Clinical implications of neuroscience research in PTSD», *Annals of the New York Academy of Sciences* 1071, pp. 277-293.

—, Mc Farlene A.C., Weisaeth L. (1996), *Traumatic stress. The effect of overwhelming experience on mind, body and society*, Nueva York, Guilford Press.

Walsh K., Fortier M.A., Dilillo D. (2010), «Adult coping with childhood sexual abuse: a theoretical and empirical review», *Aggression and Violent Behavior* 15(1), pp. 1-13.

Watzlawick P., Nardone, G. (eds.) (1997), *Terapia Breve Strategica*, Milán, Raffaello Cortina Editore [trad. cast.: *Terapia breve estratégica*, Barcelona, Paidós, 2000].

Weakland J. H., Fish R., Watzlawick P., Bodin A. M. (1974), «Brief therapy: focused problem resolution», *Family Process* 13(2).